湛庐CHEERS

与最聪明的人共同进化

HERE COMES EVERYBODY

CHEERS
湛庐

如何打造成功的商业赛事

邱志伟 著

浙江科学技术出版社·杭州

测一测

你对商业赛事了解多少？

扫码加入书架

领取阅读激励

- 赛事推广的核心是：（单选题）

  A. 提高票价

  B. 打造品牌

  C. 增加比赛场次

  D. 招募更多志愿者

扫码获取全部测试题及答案，一起了解如何打造成功的商业赛事

- 赛事策划涉及很多步骤，其中最核心的一步是以下哪项？（单选题）

  A. 竞赛方法的设计

  B. 预算的置顶

  C. 比赛地点的选择

  D. 志愿者的招募

- 以下哪项不是赛事操盘手的土要工作？（单选题）

  A. 确定赛事目标

  B. 制定预算

  C. 招募观众

  D. 管理团队

扫描左侧二维码查看本书更多测试题

各方赞誉

我在北京飞往巴黎的航班上一口气看完这本《如何打造成功的商业赛事》。邱志伟用 20 多年的办赛经验，将如何打造成功的商业赛事的 7 个方面用故事和大量案例串起，帮助赛事操盘新手拥有一个办赛“葵花宝典”，也给予我从业 20 年的体育赛事工作者很多启发。

中国女子职业高尔夫巡回赛（简称为“女子中巡”）2018 年荣幸邀请橙光线成为市场开发顾问，时任 CEO 的邱志伟和崔英善一起帮助女子中巡做了市场规划和梳理。他们非常专业，具有国际视野，并且十分务实。

这本书不仅有国际办赛成功的方法，也有落地中国的实践经验，为体育赛事包括观赏型赛事及参与型赛事的组办给予了全面的分析和指导。如果您是体育公司负责人、企业品牌负责人、体育赛事 IP 打造者，或是体育赛事的工作者，强烈推荐你阅读本书。如果你是运动爱好者，是心中有理想想进入体育领域的年轻人，那你更应该将此书放在身边，一读再读。

随着年轻一代越来越将运动作为生活的一部分，中国体育赛事需求一定会越来越蓬勃，《如何打造成功的商业赛事》一书会带给你和我们让人心动的未来。

李红

中国女子职业高尔夫巡回赛 董事总经理

体育究竟是什么？是竞技的舞台？是教育的载体？是健康的追求？还是娱乐的方式？实际上，体育同样也是一门生意，一个产业，一个严谨周密、遵循自身发展规律和运转机制的领域。在当前中国体育产业的发展阶段，太多人亟需深刻理解这一道理。而要洞悉此中真谛，你面前这本由一线实战大师精心打造的书籍，是不二之选。

骆达

氪体创始人、CEO

随着近年来我国体育事业蓬勃发展，赛事活动激增，体育行业培养、积淀了一批赛事运营人才。他们在赛事运营、推广、营销等方面取得了显著成就，积累了丰富的实践经验。然而，这些宝贵的经验往往缺乏系统化的整理和总结，多以师傅带徒弟的传统模式来传承。《如何打造成功的商业赛事》一书的出版，恰好填补了国内赛事运营理论化、体系化方面的空白。

本书深入探索了赛事运营的奥秘，从策划到执行，全面解析了每一个关键环节。它不仅涵盖了赛事管理的理论知识，还提供了丰富的实战案例和策略分析，帮助读者轻松应对各种挑战，提升运营效率。无论你是初学者还是经验丰富的赛事运营者，这本书都将成为你不可或缺的得力助手，引领你走向赛事运营的成功之路！

傅丹青

中国帆船帆板运动协会副主席

我和邱总的相识就是从测量场地开始的，2007 年姚明 & 纳什慈善之旅，邱总代表 NBA 中国来与组委会进行对接，我原本以为我们会在办公室进行碰面，磋商很重要的工作，但我们第一次见面却被约在了比赛场地——首钢体育馆。我们见面后进行的工作就是最基础的场地测量的工作。这堂课也让我深刻地认识到，找到原点可以把“我想”的计划变成“需要”的计划，还能在需要做决策时让过程变得更加容易。

体育赛事有自己独特的魅力，吸引了很多人加入，特别是在政府的推动下，有更多的个人及其他社会力量加入了赛事从业者的行列。这几年我也因为 NYBO 结识了不少基层的赛事从业者，我发现很多赛事从业者对赛事专业性的认知只停留在竞赛方面，他们对赛事其他方面的难度和专业性的认识不足，更多的是凭借自己看到的、听到的，甚至是主观认为的经验主义。

作为一名从一线成长起来的优秀赛事专家，邱总在本书中呈现了自己的切身体悟和理论总结。如果你是一位赛事新手，本书可以帮你开拓行业视野，拓宽你的思路；如果你是有经验的赛事老兵，本书系统化的知识能更好地帮助你总结与理解赛事。

知其然，知其所以然，愿本书成为一颗种子，滋生心中的匠人精神，一点一滴地打磨心中的完美赛事。

杨晨

北京众辉之星体育文化发展有限公司总经理，

NYBO 青少年篮球公开赛秘书长

推荐序

产业之魂

刘建宏

体育评论员 凯利时科技董事长

巴黎奥运会如火如荼之际，好友也是前同事志伟发来了他的新书样稿。展卷阅读，时而勾起很多往事回忆，时而发现许多有趣的情节故事，而更多的则是对赛事组织和运营工作增加了新的认知，也更多了几分对这个工作的尊重和理解。

中国体育界有句名言，关于大赛，历来都是“乱乱哄哄，圆满成功”。过程的混乱，只能靠赛后的总结来弥补。调侃的正是过往我们在赛事运营过程中的种种乱象，无厘头，甚至是无解、无奈的结局。

然而，果真无解吗？当我们经历了一届又一届的奥运会、世界杯、亚运会、欧洲杯、F1、大满贯，感受自然越来越不同。特别是当中国本土大赛、商业赛事如雨后春笋涌现的时候，中国体育有没有能力办好比赛，有没有信心持续经营好一项赛事，这就是摆在中国体育产业从业者面前的一个基本的考试题。

早在 1990 年，亚运会就来到了中国，在北京之后，广州、杭州也先后承办了亚运会，上海则云集了高尔夫、网球、F1 等多项国际大赛。在北京先后承办夏奥会和冬奥会之后，中国体育在全球的形象早已经不再是一个单纯的参与者。这些大赛由于有政府和社会的高度重视，更由于有雄厚的财力保障，每一个都办得博大壮丽、花团锦簇。于是真正的、日常的、规律性的商业赛事的运营能力又成了新难题。

20 世纪 80 年代，北京马拉松比赛诞生。第一届北京马拉松比赛，组委会邀请全体参赛队员用餐，北京饭店只提供了两个包桌，就坐下了所有人。1986 年 10 月，我在北京上学，有一次我骑车外出经过天安门，刚好赶上了那一年的北京马拉松，那天北京下雨，长安街的自行车道并未封路，甚至我还看到有一些观众骑车在追赶着参赛运动员的脚步。那时的情景和今天北京马拉松比赛进行时的人山人海，以及各种交通、道路的管控相比，真是天壤之别。

2008 年北京奥运会确实是中国体育产业的一个明确的转折点。过往，在奥运会上我们更多在意的是中国运动员的成绩，但在那之后，大众的兴趣点和关注点变得多元而分众。随着民众收入水平的提升，体育参与人群规模骤然变大。日本曾做过统计，1964 年东京奥运会前后，日本经常性参与体育运动的人群有明显变化，人数增长了近一倍。中国也不例外。奥运会点燃了群众参与体育的热情，仓廪实，不仅要知礼仪，更为体育活动提供了必要的物质基础。

于是，马拉松、羽毛球、篮球、乒乓球、台球、街舞、广场舞、自行车等不仅成了日常锻炼的项目，更由此有了办赛的需求。以马拉松为例，今日之中国每到周末，大江南北、无论东西，你总能找到一场、N 场赛事适合你。一年上千场的大小马拉松，确实让中国体育的商业赛事极其热闹。热闹的同时，新的问题不断涌现。有的出现在赛道上，有的出现在周边服务上，有的甚至比赛还没开始，就已经暴露了诸多隐患。

马拉松如此，其他项目也大抵如此。其实说来也很简单，商业赛事的兴起，先决条件一定是有足够的群众基础，之后就必须是通过大量赛事积累，才能逐步找到问题、找到窍门、摸清规律，进而从迷茫到清晰，从乱乱哄哄，到真正的圆满成功。

志伟做为中国体育商业赛事运营的资深人士，此时正可大显身手。过往 20 年的赛事运营经验和心得，正好可以满足赛事运营新手嗷嗷待哺的迫切需求。

提到一个赛事的组织和运营，旁观者完全可以不用关心，也无需关心，他们享受的是赛事给自己带来的快乐和激情，但如果没有专业的知识、能力和团队，哪怕很小的赛事，可能呈现出来的都是一场真正的灾难。大到赛事策划、预算、推广、运营、管理，小到场地测量、运输车辆接驳、运动员、教练员、官员的接待、食宿安排，成千上万的细节都关乎到赛事最后的质量。

说一个我的故事。2000 年，我第一次去欧洲足球锦标赛做采访。在媒体中心拿到采访证的时候，我别提多么开心，以为拿到的就是一个万能通行证。结果第一场比赛下来，后方就接到了欧洲足球协会联盟的投诉，原来是我们根本没有遵守规定，去了一些不能去的区域。当时我也有些纳闷，为什么我们出入的时候没人阻拦，却在事后被投诉呢？其实，只要想清楚其中的道理，赛事运营的逻辑大致也能搞懂七七八八。一场赛事，几乎可以用一本赛事手册来涵盖。手册里不仅有框架、逻辑，更多的还是规矩。只要所有人依照手册执行，差不多 90% 的赛事工作都可以完成。欧美很多赛事，有的有上百年历史，短的也有几十年，他们早已经在这个过程里完成了赛事运营管理的最优化。没有人阻拦我们，并不是不需要阻拦，而是在那个地方多设一个岗位，实属浪费，一旦发现有人不守规矩，投诉是最简单也是最经济的解决方案。我在前面提到的那些细节，基本上每一个都是这么提炼和归纳出来的。

有了成功的赛事运营，才能有成功的赛事。有了成功的赛事，体育产业也才有了真正的硬核和基石。英国人对体育产业的总结很简单，赛事、传播和彩票。有了赛事，一个运动就有了牵引，参与者也就有了方向和目标。赛事经过充分的传播，其影响力、价值、体育明星、商业元素才能广泛触达世界的各个角落，观众、赞助商和其他力量才会充分介入其中。美国人对体育产业的理解也很清晰，“3C”——Court（场地）、Competition（赛事）、Coach（教练），几乎涵盖了所有核心要素。无独有偶，在英美的体育产业定义里，都有赛事。赛事才是体育产业的灵魂，也是体育产业的价值基石。

在中国体育产业正在形成的过程中，在中国商业（民间）赛事正在爆炸式增长的阶段，我们终于不再缺乏参与者，不再缺乏关注者，甚至也不再为赞助商发愁，但我们缺乏的是真正的管理者、运营者和操盘者。这是一个不断通过实践锤炼，同时更需要不断学习和总结的角色，这也是一个人工智能很难替代的工作。

让我再用一个故事结束这篇推荐序：1990 年的某一天，已故 NBA 总裁大卫·斯特恩背着一个装满录像带的大包来到了中央电视台门口，逢人便问，谁能给我介绍这里体育部门的主管。有热心者把他引荐给了马国力。虽然斯特恩在大门口等了一小时，但他只用半小时就和央视谈好了合作。从此 NBA 成了中国球迷最喜闻乐见的篮球赛事。众所周知，大卫·斯特恩被认为是当今世界最伟大的职业经理人之一。在他任上，NBA 成为了世界最成功的职业体育联盟，年运营收入超过 30 亿美金，以 43 种语言传播到了 215 个国家和地区。

中国体育产业，无论从人口、规模还是发展阶段，理论上都拥有无比广阔的前景。另一个可以预测的未来是，人工智能时代，人类社会大量工作、岗位会被替代，唯有体育是人类必须身体力行的娱乐甚至是工作。体育大时代，在向我们招手，你准备好了吗？

序言

我的赛事运营第一课

“你们需要将近 800 张工作人员证件？还要 100 多张车辆通行证？这不可能！我们经历过那么多大型赛事活动，从来没有过哪场比赛需要这么多的证件！”

“NBA 在全球各地举办过很多场大型比赛，我们以自己的专业经验保证，这些证件没有一张是多余的，有了它们，我们的比赛才能正常进行。”

“绝对不行！这么多的人和车辆带着证件进入现场，一定会造成严重的混乱，出了安全问题怎么办？！”

这段对话发生在 2004 年 10 月 16 日的下午，首届 NBA

中国赛北京站比赛的前一天。次日中午，堪称“中国球迷的主队”的休斯顿火箭队将在首都体育馆对阵萨克拉门托国王队。这是姚明首次以 NBA 球员的身份回国打球，也是 NBA 首次将比赛带到中国，轰动程度可想而知。万千球迷从全国各地涌入北京，激动地期待着见证这次盛会。然而，艰难的谈判还在进行中，一方是要为首都公共安全负责的北京市公安局治安总队大型活动处，另一方是想把国际一流赛事引进中国的 NBA 赛事运营团队。公安局的同志难以理解 NBA 赛事运营团队提出的需要那么多工作证的要求，他们认为这会带来巨大的安全风险。

在首届 NBA 中国赛筹备期间出现过很多重大问题，通过各方的努力都能得以解决。当时，在会议现场负责协调双方沟通的我完全没想到，双方对工作证数量预期不同这个问题让谈判陷入僵局。

“我们的包机现在就停在首都机场，如果不能按照我们要求的数量给我们这些证件，我们今晚就会带着两支球队飞回美国。”猝不及防地，NBA 高级副总裁斯基·奥斯汀（Ski Austin，NBA 联盟负责全球赛事和篮球活动的一把手）站起身，表情严肃地撂下这句“狠话”。

所有人都呆住了。社会各方都在期待这场比赛，看起来万事俱备只待开场，难道因为证件数量这件“小事”，所有的期盼就将化为泡影？气氛凝结了几分钟，也许更长。

突然，公安局的领导转过头对我说：“如果出了问题，运动员打完比赛就走了，你可走不了。签发这么多证件，如果出了问题，你负责？”

压抑的乌云里仿佛出现了一丝阳光，我立刻非常肯定地回答：“我保证不会出问题，如果出了问题，我来负责。”

作为 NBA 中国代表处的赛事业务负责人，我不仅明白为什么这场比赛需要这么多的工作人员和车辆，也了解证件方案是怎么制定出来的，我们如何通过场馆分区、流线设计、证件分类和区域管理，保证现场的每个工作人员既可以出入自己的工作区域，又不能进入他不需要去的地方。证件数量看上去多，但每个人都有自己的工作位置和出入线路，现场绝不会出现混乱。专业赛事需要高度精密的专业化组织和管理，哪怕是签发工作证这样的“小事”，背后也有细致合理的专业方案支撑——这就是我敢拍胸脯负责的底气。

就这样，我们最终拿到了所需数量的证件，比赛得以顺利举行。果然，现场没有出现任何因持证人员到处乱窜而造成的安全问题，负责治安管理的领导对我们的工作方式和管理能力也有了直观的了解。

之后，在北京举行的多届 NBA 中国赛，比赛场地更大了，比赛中的环节和内容更丰富了，赞助商、各类媒体和相关工作人员更多了，我们申请的证件数量甚至一度达到 2 000 张（包括外场和观众环廊、观众席中的工作人员）。出于对我们现场管理能力的了解和信任，相关部门对我们的申请都予以批准。

时间来到了 2015 年，刚成立不久的一家互联网体育公司与美国 RSG 公司通过战略合作的方式首次将国际顶级的商业足球赛事——国际冠军杯（ICC）足球赛引入中国。被称为欧洲豪门的皇家马德里足球俱乐部，以及 AC 米兰足球俱乐部和国际米兰足球俱乐部分别在深圳、广州和上海上演了三场精彩的对决，这几场比赛吸引了万千中国球迷的目光，引发了巨大的关注，成为当年国内重大体育事件。

2015 年 7 月 27 日晚上 8 点，广州天河体育中心座无虚席，在数万球迷震天的呐喊助威声中，巨星云集的皇家马德里与国际米兰的巅峰对决顺利开球。这样规格的国际赛事，从计划、筹备到实施的整个过程难度极大。作为体育公司主管赛事运营中心的副总裁，我看到新组建的赛事团队克服了各种难以想象的困难，终于让比赛得以顺利举行的时候，终于深舒了一口气。从场边不断滚动播放的电子广告牌上可以看到，比赛的招商情况也不错，包括三星、EA SPORTS、阿迪达斯、苏宁易购在内的多家国内外大品牌以不菲的投入成为赛事的主要赞助商。

这时候，手机铃声突然响起，集团的老板打电话给我，要我马上去他在球场的包厢找他，我不敢怠慢，赶紧过去。老板的心情看起来不错，他见到我后说的第一句话却完全出乎我意料："比赛现场怎么没有我们产品的广告和宣传呢？"我一愣，当即回应说："老板，赛事招商的时候我们第一时间询问了集团的手机和电视等部门是否有意愿赞助比赛，他们都回复不参与赞助后，我们才去和其他品牌谈的合作。"

这个逻辑在我心中如钢铁般有力。首先，我们不是集团的内部部门，而是一家独立的公司，国际冠军杯更是我们与RSG 公司成立的合资公司旗下的赛事项目，具有绝对的自主开发权。即便如此，我们在招商时也首先考虑到集团的利益，第一时间询问了集团旗下各类产品的赞助意愿，在得到他们不赞助的答复后，才对外招商——这才让这场比赛有了不错的赞助收入。赛场的广告曝光是赞助商权益的体现，尽管我们是比赛主办方，但集团并不是赞助商，赛场没有出现集团内其他产品的广告，不是很正常的情况吗？

然而老板完全不这么看，他更加严厉地批评了我："集团办的比赛，怎么能没有自己集团产品的广告呢？"并不由分说给我下达命令："你立刻去安排，马上在电子广告牌上加上我们的产品。"我哭笑不得，但还在据理力争、痛陈利害："老板，体育赛事的商业运营不是这样的规则，也不能这样打破规则，这么做咱们就侵犯了赛事合作伙伴 RSG 公司和所有赞助商们的利益，他们都会不高兴的。"

老板看我这么"死脑筋"，忍不住开导我说："互联网公司做体育，也要有创新精神，你不要固守那些传统的做法，我们就是要大胆去创新、去做嘛！"

创新当然需要，但前提是对已有体系和规则形成全面认识和深度理解，在正确的逻辑和价值观下进行突破和创新。体育赛事运营已经是一个相当成熟的行业，几代赛事人、几十年的发展积累了大量正确的知识和宝贵的经验，无知情况下的无畏，并不能带来成功的创新和真正的进步，反而往往会一再掉进已知的坑里。

精彩的赛事背后是无数的专业细节

我在最开始以讲故事的方式展开这本书，是希望能够吸引更多人对赛事运营的关注，即使这样一本具有实操指导效果的书，最需要的仍是作者足够丰富的经验和专业养成的头脑，而非用故事来拼凑字数。对于操盘了国际、国内大大小小无数场赛事、在体育行业浸淫了二十几年的我来说，有关赛事运营的专业经验早已成为本能的“肌肉记忆”，一旦需要便自动触发，无须用渲染经历来唤醒。然而，将经验传授给别人却是另一码事，如果没有感性的具体实例作为载体，这些经验对于初学者来说，或许会显得空洞而教条。

本书可能是国内第一本系统教授体事赛事策划、管理和运营的专业实操指导书，这也侧面说明在中国这个体育大国，体育产业的发展尚不够成熟，关于赛事运营的专业观念尚未深入广泛的基层，远不能达到拓展体育市场的“软件”需求。很多人对于赛事专业性的基础认知，或者说是观念，都还存在一定的误区和盲区。大部分时候，人们能看到的是比赛本身的精彩和刺激，却想象不到，支撑起这一切的背后，大大小小、前前后后的各种专业环节，细化到什么程度，有着怎样的运作逻辑。我刚刚讲述的那两个故事，就是想借此告诉大家，对于举办一场体育赛事而言，专业的运作和正确的观念有多重要——这也正是我写这本书的初心。

不过，仅仅告诉大家举办体育赛事这件事很不简单，背后的门道很多、学问很大，是远远不够的。相较于向大家讲述我在举办赛事的过程中亲历的那些曲折的故事（其中有些还相当刺激），我更想让有志于投身体育赛事行业的人们了解，这里面所有的门道和学问都是有规律、有体系、有逻辑的，都是可以通过学习来掌握并加以运用的，里面有关赛事项目管理的种种知识，甚至是跨行业相通的。

中国是体量巨大的世界第二大经济体，在高速发展的前30年，许多行业甚至来不及建立完整、专业的管理体系，就已经被卷入泥沙俱下、迅猛飞奔的激流中。而今大河转弯、泥沙沉淀，是时候为了更沉稳而广阔的发展、以先进的观念建立一套科学、专业的运作和管理体系来再启航了。当下，我国体育产业蓬勃发展，上有国家政策扶持，下有广阔的市场期待，赛事行业作为体育产业链的龙头，未来大有可为。作为挚爱这个行业的赛事人，在发展的大潮中，我以多年积攒的经验给大家提供一些可靠的路径，也是我能尽的一份绵薄之力。

讲了这么多，说的都是我写这本书的想法和心情，不知道正在读这些文字的你们，又会怀着怎样的心情。我猜想对很多读者来说，或许这是你打开的第一本关于体育赛事运营的书，对于进入这个领域的第一堂课，你有着怎样的期待呢？

或许我也可以先讲讲我的赛事运营“第一课”是怎样的。

一场成功的赛事，从测量场地开始

2004 年 4 月 1 日，我到 NBA 中国代表处报到的第一天，我的领导马富生给我下达了一条指令：“你现在就去首都体育馆，我们的美国同事正在那儿量场地，去帮忙吧！”

我一边赶往体育馆，一边怀疑自己是不是听错了，NBA 首次在北京做“中国赛”，那么多重要的工作等着处理，老板给我派的第一个活儿竟然是量场地？

对！就是量场地，甚至是用最原始的卷尺来量，用纸和笔来记录。

到了首都体育馆，NBA 总部派来的美国同事雷（Ray）

已经在忙了，我赶紧和他一起在体育馆里用卷尺一遍遍地丈量比赛场地各个区域、各个位置的尺寸，量了记、记了算。大半天过去，他还在不疾不徐，反复测量，力求数据精准。一想起关于比赛还有那么多火烧眉毛的大事要处理，我对他拉着我一起把大量时间浪费在这么细致的小事上很是不满，内心颇不以为然。

直到第二天，看到了雷基于现场测量的数据用电脑画出的比赛场地以及场边区域的搭建和布置详图，我才明白，丈量场地这件小事，对运营一场比赛来说有多么重要的意义。每个体育馆内部场地的具体尺寸和形状都是不同的，先要准确测量出篮球场的地板应该铺设在什么位置才是最中心的，随后推算出场地边线和底线在四个方向上距离场馆的固定座席的距离，才能确定两支球队替补席的位置和座椅数、裁判席的位置、场边广告板的位置、场边尊享嘉宾席的位置和具体数量，乃至场地里还能放多少个带桌子的文字记者席位，以及摄影记者的拍摄位置和数量。

这些点位的位置和数量必须非常精确，这样我们才能知道还有多少个场边观众席的座位可以售卖，并将其加入票务销售计划；我们的公关部才能知道场内可以容纳多少摄影和文字记者，进而相应地制订媒体邀请计划；两支球队才能知道自己的替补席的位置以及将使用哪个球员通道和更衣室。而这些，在雷的场地总平面图上，都标记得一清二楚、分毫不差。

我永远记得这堂有关赛事运营的重要一课。它不仅让我明白测量场地是一场 NBA 比赛的原点和起点，也更加清楚，举办任何赛事，都要找到这样的原点和起点——无论它看起来是多么的平凡或微不足道。严谨而科学的开始，是专业和成功的基础。

我于 1998 年进入体育行业，在 26 年的从业经历里，见证了中国体育产业从无到有的大发展，自己也从赛事运营新手成长为体育公司高管和体育赛事专家，曾任 NBA 负责大中国区品牌赛事和篮球活动的副总裁、互联网体育公司主管赛事运营中心的副总裁、上市公司领导体育业务的联席总裁，以及体育商业咨询的顾问和赛事管理培训的老师。这一系列的行业经历，带给我的不仅有在一线操盘大量赛事所积累的丰富的实战经验，还有统揽全局的战略眼光和国际视野的行业洞察。我不仅熟悉国际赛事同行的先进做法，也了解国内赛事实践中面临的具体挑战。

我将自己多年积累的知识和经验都写进了这本书里。任何一个对体育赛事感兴趣的人，无论在举办赛事方面有没有经验，都可以通过这本书，明白什么样的赛事是好赛事，以及打造出好赛事的整套方法。书中我尽可能整理出清晰的结构，采用通俗的解释，以及引用大量的鲜活案例，希望可以尽可能地让你系统、高效地了解体育赛事的基本原理和内在逻辑，完整地掌握一项赛事从诞生到成熟、再到形成自己的长期价值所需要的完整知识体系，同时，我还倾囊贡献出职业生涯中总结出的各种模板和工具，亲测是非常好使和实用的。一言蔽之：全是“干货”。有了这本书，你完全可以很自信、很有条理地打造出自己的第一场成功赛事。

我不敢说本书是你成为赛事人的一个起点，但我希望它会是一把钥匙、一个指南针、一套可以凭借的工具，在你想要了解赛事相关领域、学习赛事运作方案、实际进行赛事操盘的时候，它能为你打开路径、提供方向，随时给你提供参考答案。

祝每位读者亲手创办或操盘的体育赛事都能大获成功！

无处不在的赛事

体育赛事在我们的生活中无处不在，即使你不是体育迷，也可能经常能接触到它，比如你也许感受过足球世界杯铺天盖地的宣传热度，或是关注过奥运会上中国运动员的夺冠时刻，再如公司团建时少不了的趣味体育比赛项目、小区里经常组织的球类比赛、孩子参加的各种体育比赛，等等。

随着人们物质条件的日趋富足，对健康体魄和健美身材的追求也变得更加普遍。通过各种方式参与体育运动的人群不断扩大，而体育赛事恰恰是体育运动过程中富有趣味、颇具吸引力的部分。

体育赛事通常可以分为两大类——参与型大众赛事和观赏型精英赛事。

1. 参与型大众赛事主要面向大众，其主要价值和意义在于让每个参赛者都体验到体育运动带给人的乐趣，比如城市马拉松比赛、民间龙舟赛、校园篮球赛、社区足球赛等。

2. 观赏型精英赛事则是从事这个运动项目的专业或职业选手参加的赛事，特点是竞赛水平高、对抗激烈、比赛场面精彩。这类赛事的价值主要是通过强强对抗的竞赛过程给观众带来充满悬念的观赛体验。观赏型赛事的典型例子有世界杯足球赛、奥运会、NBA、CBA、英超联赛等。

体育赛事是体育产业链的龙头，发挥着带动并引导整个产业链发展和壮大的关键作用。体育产业里所有的传统或创新的行业，如赛事的转播制作和版权交易、运动员经纪、体育商业开发、场馆运营、体育媒体和体育内容运营等，如果没有体育赛事这一环，它们就都无法存在。所以我们说，体育赛事处在体育产业链的头部，有了它，产业链中段和后段的其他相关行业才有了存在和发展的前提和基础。

中国的体育产业要想获得全面而长期的健康发展，也需要从大力发展体育赛事开始。然而，由于我国真正市场化的赛事数量有限，体育赛事专业化的速度较慢、层次较浅，所以真正懂赛事、会管理和擅运营的专业赛事人才长期稀缺，这也成为阻碍中国体育产业快速、健康发展的主要瓶颈之一。

本书适合两类读者：如果你对体育赛事感兴趣，想了解更多关于体育赛事的知识，这本书或许能在常识之外帮你打开视野；如果你打算在体育商业领域打出一片天地，这本书也许是帮助你进入体育赛事行业的钥匙和敲门砖。

具备书中的赛事知识后，在参加或观看体育比赛时，你就可以从中看出更多专业的门道，而不再是只看个热闹。在公司或者小区要组织体育比赛时，你也可以自告奋勇加入组委会，凭借书中的专业知识大显身手。

另外，现在很多行业都寻求打造品牌，可品牌该如何打造呢？实际上，体育赛事就是一种典型的品牌，书中关于打造体育赛事品牌的知识和方法，同样可以帮助你策划和打造其他类型的品牌。

人们都说，从事体育赛事行业的人都拥有一颗“大心脏”。的确，每一场体育赛事都是一个复杂的项目，从项目的筹备到落地，涉及千头万绪，过程中可能会遇到各种风险和变化，赛事的操盘手时刻都要面临巨大的压力，还要不断做出及时、正确的决策。本书将从体育赛事管理的角度，启发你找到管理复杂项目的方法，帮助你了解在压力之下如何决策和行动。

接下来，我就带大家一起进入宏大而奇妙的体育赛事世界。

目 录

第 1 章

为什么赛事很重要

一谈到体育赛事，也就是大家常说的比赛，我们的第一反应往往是世界杯、奥运会这样的世界级大型比赛，或者是英格兰足球超级联赛、NBA、CBA 这样的职业联赛。实际上，工作单位举办的职工乒乓球赛、小区里举办的社区篮球赛、孩子幼儿园举办的趣味运动会，都属于体育赛事。

不同的人群需要不同的赛事

体育赛事的种类非常多，分类的维度也很多，比如，可以按专业性分为职业赛事和业余赛事，可以按参与的地域分为全球性体育赛事和区域性体育赛事。

职业赛事和业余赛事

职业赛事只允许职业运动员参加，参加职业赛事的运动员把这项运动作为自己的主要职业，他的日常工作就是进行专业、系统的训练以及不断地参加职业比赛。他在比赛中的表现和取得的名次与他的收入水平直接相关，因此他训练的目的也是为了让自己在比赛中展现最佳运动状态和运动表现。

职业赛事的组织方往往是专门的常设体育组织或赛事机构。比如，温布尔登网球锦标赛（温网）的创立者和组织者是美国草地网球协会和成立于 1868 年的全英草地网球和槌球俱乐部，环法自行车赛的组织者是法国著名的体育公司阿莫里体育组织（ASO），等等。

职业运动员往往也会有自己的运动员协会或工会。比如：男子网球职业运动员会加入职业网球联合会（ATP），ATP 也会在世界范围内举办巡回网球比赛供旗下球员参加。在 NBA 打球的球员们也有自己的球员工会，即美国篮球运动员协会（NBPA）。NBPA 致力于维护 NBA 球员的权益。每隔 10 年左右，所有 NBA 球员会委托 NBPA 代表他们与 NBA 联盟就双方的劳资合同进行续约谈判，如果谈判未能如期达成协议，NBA 就会暂时陷入“停摆”状态。

业余赛事，顾名思义就是为广大非职业运动员和体育爱好者举办的赛事，有不少业余赛事为了保证业余选手的参赛体验，甚至严格禁止职业选手参赛。

业余赛事的办赛主体相比职业赛事就显得非常多样：业余赛事既可以由民间的体育爱好者自发组织，也可以由当地政府或体育协会牵头举办；主办者既可以是企业、协会或社区，也可以是民间俱乐部或体育场馆，甚至可以是个人。只要具备办赛意愿、办赛能力和资金、场地等必要资源，并按法律法规要求获得相应体育主管部门和公共安全部门的许可，任何人或任何组织都可以办赛。

通常，职业赛事由于参赛门槛高、竞技水平高、对抗性强，大多为观赏型赛事。业余赛事由于参赛门槛相对较低，竞技水平一般，办赛者更注重让参赛者享受到体育竞赛的乐趣，大多为参与型赛事。

但最初作为业余赛事的奥运会是个例外，它属于观赏型赛事，而且办赛门槛和参赛门槛都非常高。我们稍后会专门介绍它。

全球性体育赛事和区域性体育赛事

顾名思义，全球性体育赛事是由来自世界各国的代表队或运动员参加的赛事，例如世界田径锦标赛、国际足联世界杯、在武汉举行过的世界军人运动会等。参加这些比赛的人都是来自五大洲各个国家的精英运动员或者国家队成员。

而区域性体育赛事就是由特定地理区域内的运动员或运动队参加的体育赛事。根据地理区域的大小，赛事的规模、水平、影响力可以有很大的差别。比如：亚运会、欧足联欧洲冠军联赛、美洲杯足球赛都属于大洲级的区域赛事，我国的全运会、日本的 J 联赛等属于国家级的区域赛事，各个省的省运会属于省级区域赛事，北京的百队杯足球赛是市级区域赛事，回龙观超级足球联赛则是社区级的区域赛事。

从中我们不难看出，区域性赛事所覆盖的地理区域越小，它的参与性属性通常就越明显。而全球性赛事由于往往是来自世界各国的顶尖选手参赛，观赏性就很强。

单项体育赛事和综合性赛事

实际上，对于世界上绝大多数已经相对普及的主流体育运动项目，都有一个国际性的单项体育联合会对它进行管理。国际单项体育联合会是世界范围内管辖一项或几项体育运动项目并接纳若干管辖这些项目的国家级团体的国际性的、非官方的组织，例如国际篮联、国际足联、世界田联，它们分别在全球范围内负责篮球、足球和田径运动的治理和发展。而有的国际单项体育联合会还会管理多个运动项目，例如创立于 1908 年的国际游泳联合会，它不仅管理游泳，还管理规则完全不同的跳水、水球和花样游泳等项目，但它仍是一个国际单项体育联合会。

每个国际单项体育联合会举办或许可的赛事就是单项体育赛事，比如国际汽联的一级方程式大奖赛、国际滑冰联盟的花样滑冰世锦赛、国际羽联的汤姆斯杯和尤伯杯赛事等。单项体育赛事也分全球性和区域性赛事，前面说的这几项都是全球性赛事，而比如亚洲杯足球赛就属于区域性赛事，是由亚洲的洲一级单项体育联合会——亚足联在亚洲地区组织和举办的。

综合性赛事就是包含不止一个单项体育联合会管辖的体育项目的赛事，比较典型的就是奥运会、亚运会、英联邦运动会、中国的全国运动会（全运会）等，我们身边的省运会、市运会、农民运动会、少数民族运动会也都属于这类赛事。这些赛事的规模通常较大，很多时候需要不同的单项体育联合会参与到比赛的组织管理和选手的选拔等重要的办赛工作中，可以说是“赛事组委会搭台，单项运动协会唱戏”。

例如奥运会，就是由国际奥委会和这届奥运会的主办城市联合成立奥运会组织委员会（奥组委），来承担奥运会和残奥会的各项筹办任务的组织工作，但每个具体运动项目在奥运会中的赛事组织管理、竞赛规则制定、比赛场地准备、裁判安排和管理等工作，以及奥运会参赛选手的选拔机制和相应的选拔赛事，都是由这个项目的国际单项体育联合会来具体负责和执行的。

与奥运会对应的亚运会，就是在亚运会组委会的统一安排和协调下，各个亚洲单项体育协会来具体负责管理和运行自己项目的赛事；而全运会，则是在全运会组委会的安排协调下，中国的各个国家级单项体育协会来具体管理的运行自己项目的赛事，例如中国排球协会负责执行全运会中的所有排球赛事。

奥运会

我们知道，奥运会的全称为奥林匹克运动会。奥林匹克运动会发源于 2 000 多年前的古希腊，因举办地在奥林匹亚而得名。古代奥林匹克运动会停办了 1 500 年之后，法国人顾拜旦于 19 世纪末提出举办现代奥林匹克运动会的倡议。1894 年，国际奥委会成立。1896 年在希腊的雅典举办了首届奥运会。国际奥委会除了举办知名度最高的夏季奥运会，也举办有着不同比赛项目与参赛人群的其他奥运会。比如，1924 年国际奥委会举办了首届冬季奥运会（冬奥会），1960 年举办了首届残疾人奥运会（残奥会），1976 年举办了首届冬残奥会，2010 年举办了首届青年奥林匹克运动会（青奥会），2012 年举办了首届冬青奥会。

前文提到，奥运会是非常典型的综合性赛事，也是竞技水平最高、最广为人知的体育赛事，可谓世界第一综合性赛事。

为什么说现在的奥运会已经很难区分是职业赛事还是业余赛事了呢？

现代奥运会创立之初，“让奥运赛事远离物质利益，保持纯粹的体育运动精神”是现代奥运之父顾拜旦所坚持的信念，他也因此制定了奥运会的业余原则——奥运会只对业余选手开放。1896 年第一届现代奥运会举办时，只有击剑项目允许职业运动员参加，其他项目都只允许业余选手参赛。

初版的《奥林匹克宪章》第 26 条对业余运动员做出了详细的定义：参加运动的人是单纯为了使身体和精神受益，或者是为了某种社会利益，而不是为了直接或间接地获得物质利益。

《奥林匹克宪章》中还附加了一些具体的解释：如果运动员由于运动的才能而接受了政府、学校、商业机构的补贴，则不能被算作业余运动员；现役军人、体育教师、教练也都被定义为职业选手；运动员利用自己的名气做广告或者与任何商业机构签订赞助合同都被定义为职业之列。

《奥林匹克宪章》最初的这些对业余运动员的规定，在当今体育世界看来绝对是过于严苛了。这也是现代奥运会发展到 20 世纪 80 年代，在全球体育加速职业化、商业化的大趋势下，奥运会的业余原则变得难以为继的主要原因。

国际奥委会也发现，如果坚持把职业选手排除在外，奥运会在很多项目上将无法代表世界最高运动水平的竞技，会直接影响奥运会对观众、赞助商和转播机构的吸引力。因此，在国际奥委会的默许下，越来越多的单项体育联合会开始放宽对职业选手参加奥运会的限制。

最让人印象深刻的是 1989 年，国际篮联（FIBA）更改了原有的参赛规则，首次允许职业球员参加国际篮球赛事，这一规则的更改促成了 1992 年巴塞罗那奥运会美国男篮“梦之队”的横空出世，飞人乔丹带领一众 NBA 球星照亮了奥运赛场，奥运篮球比赛从未如此精彩，这也标志着“业余原则”在奥运篮球项目上从此退场。

现代奥运会成功地在全世界普及了大量体育项目，提高了各国政府和人民对体育的重视度，也让很多体育项目拥有了更广阔的市场。市场促进了体育产业更大的发展，全球体育产业走上了职业化和商业化的道路，而“业余原则”限制下的奥运会在观赏性和吸引力上反倒无法与职业化的商业赛事竞争，赞助和转播资源流失，亏损严重，最终不得不向现实妥协，“业余原则”开始在越来越多的奥运项目上松动了。现在的奥运会，很多项目已经向职业或专业选手敞开了大门。

体育赛事是优质内容的无限源头

当今的时代是一个内容为王的时代。

给你提供知识养分的，是书本讲座、前辈留下的研究和思考后的内容；让你工作之余放松、娱乐的，是综艺、影视剧、短视频的内容；增加你生活情趣、满足你精神追求的，是优秀的文学和美术作品、经典电影中的内容；那些终生难忘的经历和体验，也是人生的内容。

在围绕我们的互联网生态世界中，最重要、最核心的商业逻辑就是获取流量，而不断产出富有价值的内容是产生长期而优质的流量的不二法门。

优质内容的重要性和价值不言而喻，然而，要想产生优质内容，大部分方式的成本都是很高的，效率却是极低的。试想一下，要花多少金钱、时间和人力资源，才能制作出一部真正优秀的电影？即便是大师级作家，要写出一部能够被广泛阅读并被热烈讨论的小说需要花多少年？即使是制作一条 10 万 + 播放量的短视频，也需要在丰富的经验基础上投入很多时间和精力，再加上很好的运气。

而体育赛事可以说是世界上唯一一种可以快速、高效、持续产出优质内容的东西。

以卡塔尔世界杯决赛的阿根廷与法国大战为例，在这场比赛里，集合了一部优质电影或小说的所有必要元素：它是世界上最强的两支足球队的巅峰对决，也是球星梅西的封神之战；交替上升的比分形成跌宕起伏的情节和不断产生的悬念；两位超级球星的挺身而出和高光时刻成为比赛中的情绪爆点；常规时间 + 加时赛 + 点球大战像极了宏大的电影或小说的三部曲结构；最后一秒钟才决出的胜负成功将比赛的热度和观众的情绪推向了高潮；甚至某些关键球的判罚也成为赛后两边球迷持续争论的焦点，形成了所有内容创作者最期待的长尾效应。

从这个例子不难看出，吸引人的体育赛事具备优质内容的所有要点：故事性强（每场比赛都是一个故事）、悬念强（比赛结果谁都无法提前知道）、过程曲折跌宕、主要人物的表现推动情节发展并发挥重要作用，最后都有一个或喜或悲的结局。

它还很好地符合优质内容的更高标准——赋予人智慧启迪和精神升华：比赛中的技战术背后蕴藏的战术智慧和战

略哲学、体育精神和运动员精神给人的激励、运动员的个人魅力带来的榜样力量、比赛过程引发的人生感悟等。

更妙的是，每场体育比赛对观众和参赛者而言都是一部电影、一本小说，但它不需要像写小说那样去绞尽脑汁构思情节、塑造人物，也不需要像拍电影那样投资巨大、耗时持久，它就那样自然而然地发生，自然而然地成为好的内容。还是以卡塔尔世界杯为例，并不是只有那场决赛成为优质内容，64 场比赛场场都是好内容：从黑马的爆冷战胜强队，到小国足球的崛起；从宿敌的再次遭遇，到苦主的逆风翻盘；从老将的最后一舞，到新秀的横空出世——体育比赛从来都不缺乏作为优质内容的看点和深度。

不仅是世界杯这样的观赏型赛事每场都是天然的好内容，参与型赛事也同样是好内容。对参与型赛事的参赛者而言，比赛的过程就是人生中具有特殊价值和意义的珍贵内容，他们会很愿意与更多人分享这一过程；而对于非参赛者，在社交媒体上会很容易看到参赛者发布的关于自己参赛体验和体悟的精编内容。

试想一下，还有什么是像体育赛事这样，可以源源不断、自然而然地产出大量优质原创内容的东西呢？恐怕没有了。这实际上是体育赛事非常容易被忽视的一个巨大的、独有的价值点，体育行业中的聪明人会从中受益匪浅。

体育赛事能带来全方位的美好感受

仔细想想，不难发现，好的体育赛事能给观众带来全方位的美好感受，它们都至少做到了以下的一点或几点。

极致的体验

人最难忘的是情感印记，造成情感印记的往往是某种强体验。体育赛事恰恰是让人产生强体验的理想环境。

好的体育赛事经常通过对场地的包装、对现场气氛的营造、对比赛核心元素的强调和放大，带给人强烈的体验感。

我在 2004—2013 年策划 NBA 中国赛的时候，非常注重把举办赛事的体育馆包装得像美国的 NBA 球队主场。场地外墙会挂上十几米长的巨幅比赛海报，每个入场通道的两侧都会布置两排比赛主题挂旗。如果是晚上，还会用灯光把 NBA 的标志和比赛球队的标志打在场馆外墙上。场馆内从观众环廊的墙面和立柱到球场内的中央大屏和 LED 环屏，都是比赛主题元素的静态和动态呈现。这会让球迷一进场，甚至在球馆外面排队等待安检和验票时，就能感受到浓浓的“NBA 味儿”，从而早早进入享受一场 NBA 比赛的心理和精神状态，这对提升他们的整体体验感非常有效。

比赛现场气氛的营造则要充分调动观赛者或参赛者的听觉和视觉。

在听觉调动方面，富有煽动能力的现场主持人以及出色的现场音乐 DJ 非常重要，赛前的暖场和情绪调动、赛中结合比赛进程的气氛渲染、赛后的庆祝氛围的营造，都需要他们的出色表现。

视觉冲击则是打造比赛仪式感的重要方式，高挂的国旗和队伍旗帜、奖杯的隆重展示、大屏幕上播放的比赛的精华场面、庄严或热烈的灯光效果、结束时燃放的焰火……都能给人留下难以磨灭的印象。

全球著名的系列障碍赛——斯巴达勇士赛就非常善于将比赛的核心元素进行强调和放大。他们在参赛者从停车场走到赛场的道路两侧挂满了给参赛者打气、同时又凸显斯巴达比赛精神的标语。而在比赛的起点等候区，赛事方会挑两三个具有代表性的大型障碍摆在那儿，供参加比赛的人热身、试练，同时这也成了那些陪同参赛者来的亲朋好友体验比赛障碍难度的地方，体验后感觉良好的人很可能就会报名参加下一场比赛。另外，不管是否参赛，这些障碍都成了人们拍照的热门背景，大量出现在社交媒体上。这些就是将比赛的核心元素进行强调和放大的好处。

完美的线下社交

在这个被线上社交包围的时代，微信、微博、小红书、抖音、快手让线上的分享和社交变得轻而易举。线上社交虽然非常便捷，形式和内容看起来也很丰富，但你越多地使用它，就会越怀念线下社交的亲密、温暖、投入和默契的感觉，因为人们的这些基本需求是线上社交很难完美实现的。

然而即使在线下社交中，也有很多时候是无聊的、低效的。比如你和朋友或家人聚会吃饭时，虽然围坐在一起，但当大家将有限的共同感兴趣的话题聊完后，往往就进入无话可说、各自低头看手机的尴尬无聊阶段。

但如果你是约上大家一起去体育场看一场自己城市俱乐

部的职业联赛比赛，或是带领大家一起打一场篮球或羽毛球，甚至飞盘比赛，在比赛的气氛和环境下，大家很容易放松下来，很愿意相互交流，也很方便找到共同话题。大家一起聊一聊喜欢的球员和球队，回忆自己的看球历史，骂一骂共同讨厌的球员，很自然地就拉近了彼此的距离。为同一个主队加油，或者分在一个队里一起打比赛，都是使人产生亲密和信任的感觉的强力催化剂。而这些，不正是我们渴望从社交中获得的吗？

因此，体育比赛场景下的线下社交，是非常高质量和高效率的。当今世界，线上社交泛滥，社交质量低下，人际情感淡薄，孤独感强烈，这种情况下，人们都渴望获得高质量的线下社交。而体育赛事，正是这个时代非常稀缺的、高质量、高效率的线下社交优质场景。很多好的赛事，正是在发挥线下社交优势这个方面做得比较充分，从而给参赛者带来了非常好的体验。

难忘的精彩回忆

“如果在一段体验的高峰和结尾，体验是愉悦的，那么人对整个体验的感受就是愉悦的。”这就是峰终定律，它是由 2002 年诺贝尔经济学奖获得者、心理学家丹尼尔·卡尼曼[1]提出的。峰终定律揭示了人类潜意识总结自身体验的特点，也就是人在体验一项事物后，所能记住的往往只是在整个过程中的“峰”（高峰）与“终”（结尾）这两个点的体验，而在过程中其他好与不好的体验，对人类记忆的影响并不大。

好的体育赛事常常会非常聪明地运用这个定律，把有限的资源和预算集中于打造高峰和结尾时的体验上，让参赛者形成美好的感受和记忆。

例如，马拉松赛事终点的完赛奖牌颁发仪式，会给完赛者赠送包括比赛纪念品和能量、水分补充食物的完赛大礼包，甚至安排理疗师帮参赛者做按摩、拉伸来放松肌肉，还有提供热水泡脚服务、奖牌免费刻名字服务的，这都是为了让参赛者拥有最佳的结尾体验。

美国职业橄榄球大联盟（NFL）每个赛季的决赛叫超级碗。超级碗一直是美国收视率最高的体育比赛，美国本土的

1　卡尼曼被称为“继弗洛伊德之后，当代最伟大的心理学家”，他携手决策领域专家奥利维耶·西博尼和卡斯·桑斯坦共同推出了《噪声》，这部一经推出即畅销的著作绝杀了人类判断过程中的一大隐形敌人——噪声。目前该书中文简体字版已由湛庐引进、浙江教育出版社于 2021 年出版。——编者注

电视观众动辄过亿，它吸引人的不仅是巅峰对决的精彩比赛，更是闻名全球的超级碗中场秀——在比赛的中场休息时，NFL 都会安排一场顶级艺人的现场演出。超级碗中场秀的演出制作精良，艺人阵容豪华，其全球吸睛度和曝光度甚至超过超级碗比赛本身。这就是赛事方全力打造比赛中高峰体验的典型例子。

邱老师开小灶

读完本章，我希望你能牢牢记住以下几句话。

从世界杯、奥运会到社区运动会，看似不同的体育赛事背后有着同样的原理和规律。

参加体育赛事是全面认识自己的绝佳方式，也是加深团队或朋友间感情的利器。

在这个内容为王的时代，体育赛事是优质内容的无限源头。

体育赛事给人提供的核心价值之一就是难忘的体验，它是多种美好的强体验的理想来源。

体育赛事是这个互联网时代非常稀缺的、高质量、高效率的线下社交优质场景。

第 2 章

开始打造一场体育赛事

很多喜欢观看或者参与体育赛事的朋友心中或许都会有这样一个问题：我看到或者参与的赛事有非常明显的好坏之分，有的特别令人难忘，比赛结束后很长时间还让我久久回味，而有的非常无聊或者体验非常差，让人来过一次就不想再来。为什么赛事之间的差别这么大呢？

那么让我们一起来思考一下，体育赛事为什么能打动你、吸引你呢？

以一场 NBA 中国赛为例，在这种代表某项体育运动世界顶级竞技水平的比赛中，打动你的往往是超级巨星精彩绝伦的表现，两队精彩、刺激的对抗，球场中大吊斗屏、小环屏、啦啦队、吉祥物、现场 DJ、音乐和灯光共同营造的几近沸腾的热烈氛围，还有观众席上球迷不断爆发出的山呼海啸般的声浪。

相比之下，全国青少年篮球公开赛（NYBO）的现场就很不同。这个比赛没有数万的观众、炫酷的声光电氛围，也没有超级巨星和巅峰对决，但它为全国各地热爱篮球的青少年们打造了他们的专属赛场，既适合他们的年龄，又严肃认真、仪式感十足，给孩子们提供了展示自己篮球能力、团队精神、领导力和意志品质的舞台，不仅让孩子们乐在其中，也牢牢吸引了孩子家长的目光和参与。这样参与感、体验感十足的业余篮球比赛，也可以像 NBA 比赛一样，吸引人、打动人。

所以说，好赛事不一定非得是大赛事。奥运会、世界杯这样的世界大赛自然吸睛，但实际上你我身边的不少“小”赛事也都十分优秀。

比如众辉致跑公司每年在张家口和海南举办的越山向海人车接力中国赛，就是一项设计巧妙、体验感极强的团队跑步精品赛事。比赛以“5 个人加一辆车”或者“10 个人加两辆车”为一队，按照日夜兼程的接力方式完成 100 多千米甚至 200 多千米的赛程。在比赛的二三十个小时的时间里，你和几位好友时而挤在一辆车中亲密相处，时而独自一人在赛道上奋力奔跑。每个团队都要以最合理的战术安排来发挥团队中每个人不同的优势和能力，以取得最佳的团队成绩。

虽然赛事规模不像马拉松那样大，但参赛者体验到的团队感、信任感、拼搏感、荣誉感都是非常强烈的，再加上沿途美丽的风光，以及一群朋友为了同一个目标共同奋斗的精神感染，使得比赛充满了迷人而独特的魅力，每个参加过这项比赛的人，都会相约一次次再来。

再比如在中国运营著名的斯巴达勇士赛的盛力世家体育文化发展公司新推出的“狗巴迪勇士赛”，就是一项独具创意的、由宠物狗和它的主人一同参加的障碍赛。现在养宠物的年轻人越来越多，他们常常与自己的宠物狗一起逛街、聚会、郊游，但能让他们和宠物狗一起参加的、有趣又有意义的体育比赛，基本上是前所未有的，所以“狗巴迪勇士赛”一经推出，就吸引了很多养狗人士的踊跃报名。在比赛中他们和宠物狗一起越过一个个障碍、征服一个个挑战，不仅玩得非常开心，而且宠物狗和主人之间的感情也得到了进一步增强。从狗主人在朋友圈“晒”出的照片就能看出，下次比赛他们一定还会再来。

也许有人会说，知名的比赛肯定就是好赛事了吧？也不尽然。

比如国内知名的职业联赛——中国足球协会超级联赛

（中超），可谓人尽皆知，但如果你问一些不是足球迷的人是怎么知道这个赛事的，他们很可能会说是通过一些负面的新闻报道。中超对于中国足球运动的推广以及国内体育项目的职业化探索的确做出了重要的贡献，但它常年来不断爆出的各类负面新闻，时常引起人们对它的口诛笔伐，因此，从严格意义上看，它是否是一个真正的好赛事仍有待商榷。

与此相反，有些赛事可能只在非常有限的范围内知名，绝大多数人甚至可能都没听说过，但由于它在某个特定领域做到了极致，深受这个领域核心爱好者群体的喜爱。

极地长征（Racing the Planet）就是一个很好的例子。它是一项赛程长达 7 天，共 6 个赛段，总计 250 千米，自补给自负重，用奔跑去体验世界上最荒芜、原始的极美之地的超级马拉松系列赛事。

这个比赛是由美国人玛丽・K. 亚当斯（Mary K. Gadams）于 2002 年在中国香港创立的。2003 年在中国甘肃嘉峪关附近的戈壁举办了第一场极地长征赛事——戈壁长征，之后又陆续推出了智利的阿塔卡马沙漠赛事、埃及的撒哈拉沙漠赛事，以及南极的赛事——最后的荒原，形成了世界知名的极地长征超级马拉松系列赛事。

超越体能极限的体验、壮美的自然风光、亲密的全球粉丝社群和独有的赛事文化赋予了极地长征强大的魅力，使它在全世界各个年龄、各种职业的越野爱好者中口碑极佳，多次被美国《时代》周刊和美国有线电视新闻网（CNN）等媒体列为“世界十大顶级耐力赛事”之一。

综上所述，我们究竟应该如何去打造一场真正的好赛事呢?

打造“好赛事”必须关注的 4 个维度

根据我多年的从业经验，一场好赛事往往都会关注到以下 4 个重要的维度（如图 2-1）。

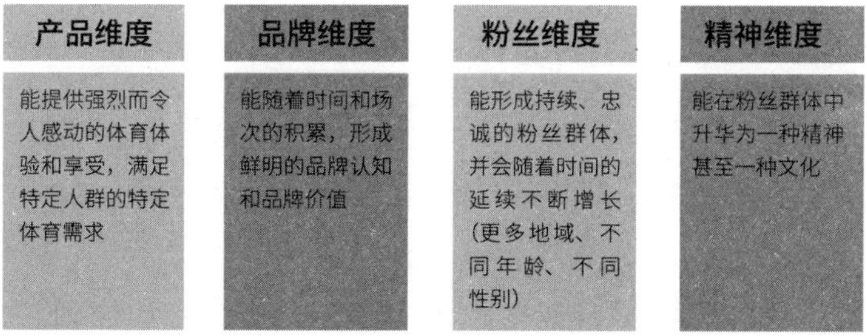

图 2-1　评判“好赛事”的 4 个维度

产品维度

此处引入互联网行业的产品思维，如果我们把赛事当作一个需要服务特定用户的产品来看待，那么从产品维度来看，好赛事应该能够为目标人群提供强烈而令人感动的体育体验和享受，能满足目标人群特定的体育需求。

无论是观赏型赛事还是参与型赛事，人们参与体育比赛都是为了获得独特的体育体验和享受。观赏型赛事中运动员之间竭尽全力的竞赛对抗所展现出的极致运动之美，参与型赛事中每个参赛者能够展示自己最强的运动表现、享受运动的过程以及全力突破自身极限的投入状态，这些都是体育赛事所独有的迷人魅力。好的赛事，一定是在提供强烈而令人感动的比赛体验方面做得非常出色的赛事。

品牌维度

在这个维度上，我们要关注一项赛事是否能随着时间和场次的不断积累，形成自己鲜明的品牌认知和品牌价值。

以温布尔登网球锦标赛为例，这项已有百余年历史的古老赛事，特别强调对网球文化传统的坚持，比如要求所有选手必须穿白色球衣参赛——它是网球四大满贯赛中唯一规定球员衣着颜色的赛事。而且温网对比赛场地上赞助商标志的露出也非常严格和节制，拒绝这些标志干扰观众对比赛本身的关注。温网这种强调传统、最少商业化、极具艺术与人文气息的特点为全世界网球爱好者所熟知和喜爱，被誉为“将网球这项运动的传统和情怀延续得最好的赛事”，这一点成为公众对它的品牌认知。随着时间的积累，这一不断被强化的认知形成了温网巨大的品牌价值。

在国内，也有不少将品牌认知做得十分出色的赛事。比如上海马拉松，其赛事管理上的认真专业和跑者服务上的细致周到是它的特色，再加上高质量的宣传和推广，使得上海马拉松的品牌在国内众多的马拉松赛事中独树一帜，也吸引了不少国际一线大品牌的赞助商。

再比如路人王篮球赛，这项由虎扑社区网站于 2016 年创办的全国性 1 对 1 篮球比赛，以篮球为核心，以单挑为模式，在规则和赛制上还附加了一些泛娱乐性的玩法，个性十足的策划让比赛充满了草根英雄舍我其谁的气质，吸引了全国各地喜爱篮球的年轻人的广泛关注和积极参与。2019 年，路人王篮球赛在新媒体全平台就已经拥有 1 800 万粉丝，在抖音短视频平台上是粉丝数量仅次于 NBA 官方账号的第二大体育类账号，在快手短视频平台上的粉丝数量则是体育类账号的第一名。

粉丝维度

在此维度上，好的赛事要能形成持续、忠诚的粉丝群体，并且让赛事的粉丝数量随着时间的延续不断增长。

对于真正的好赛事，参赛者会不断自发地帮赛事做宣传，因为他们已经被比赛深深地打动过了，被“圈粉”了，所以他们也会希望有更多的朋友能够和他们一起加入这个比赛，感受他们体验到的快乐和感动。

世界上最成功的障碍赛之一——斯巴达勇士赛就是著名的“圈粉”赛事。该比赛经盛力世家引入中国后，随着赛事口碑的不断发酵和传播，比赛场次和落地城市数量逐年增加，比赛的粉丝基数也不断扩大。除了通过老粉丝来吸引新粉丝，为了让老粉丝也愿意再回来参赛，主办方还设计推出了不同难度等级的分级赛事，让新粉丝和老粉丝都有适合自己能力的新赛事可以参加。斯巴达勇士赛甚至还发展出了专门为孩子们设计的斯巴达儿童赛，一经推出同样大受欢迎，这样就又进一步打开了面向孩子以及孩子家长的市场。

精神维度

这个维度对赛事的要求就更高了，要让赛事能在粉丝群体中升华为一种精神甚至一种文化。

以玄奘之路国际商学院戈壁挑战赛为例，这项比赛是在华语商学院的高级管理人员工商管理硕士（EMBA）学员群体中开展的体验式文化赛事，参赛各校的 EMBA 学员以团队结组形式，徒步穿越 112 千米的无人戈壁。赛事以团队竞赛和个人体验相结合的方式进行，参赛者能够深刻体验在严峻的自然环境下超越身心极限的艰难历程，在内心深处寻找到让生命得以攀援上升的巨大能量，从而以更积极、更健康、更持久的动力去拥抱生命中更艰巨的挑战。

玄奘之路国际商学院戈壁挑战赛自 2006 年起几乎每年都会举办，已有来自 44 所商学院的近万名 EMBA 学员参与了赛事。赛事所倡导的“理想、行动、坚持”的精神在商学院学员群体中得到广泛传播。

所以，判断一项赛事的好坏，我们可以依据的维度是：

1. 产品维度：该赛事是否能提供强烈而令人感动的体

育体验和享受。

2. 品牌维度：该赛事是否能形成鲜明的品牌认知和品牌价值。

3. 粉丝维度：该赛事是否能形成忠诚、持续并不断壮大的粉丝群体。

4. 精神维度：该赛事是否能在赛事的粉丝群体中升华为一种精神、一种文化。

如果你想要打造自己的赛事，也要谨记这 4 个维度，并在这些维度上多多用功，才能策划出你自己的好赛事。

所有赛事都由 3 个部分构成

无论大赛事还是小赛事、参与型赛事还是观赏型赛事，所有的赛事都是由核心利益、主体产品和延伸产品这 3 个部分构成的。它们之间的关系如图 2-2 所示：核心利益是赛事的核心，它向外延伸形成赛事的主体产品，主体产品再外延则形成赛事的延伸产品。

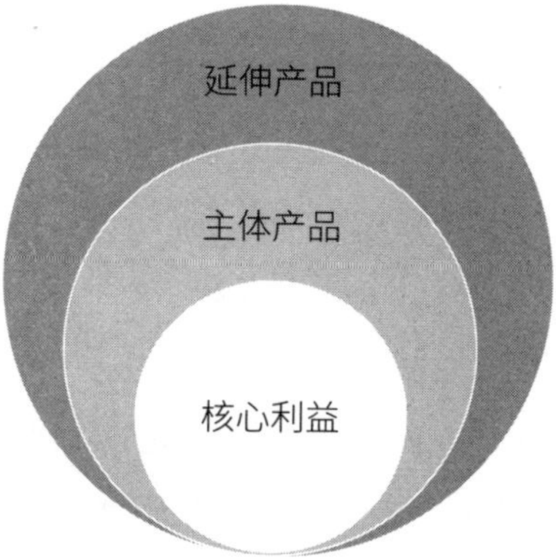

图 2-2　构成赛事的 3 个部分

赛事核心利益就是赛事的使命

核心利益就是赛事的使命，使命的本质是要回答以下两个问题：

1. 赛事为谁服务？

2. 赛事为他们提供怎样的核心价值？

只要是策划赛事的人，就应该时时刻刻将这 2 个问题刻在脑子里，在赛事策划的过程中随时拿出来拷问自己，以保证在赛事的任何环节（比如策划环节、计划环节、实施环节）中，对这 2 个问题的回答都是一致的。这对一个赛事的成败极其重要。

核心利益或者说使命为什么这么重要？因为它是影响赛事品牌和赛事产品的最重要的因素，它决定了赛事的品牌表现是什么样的，例如赛事标志和主视觉、赛事的口号、主题歌的风格等；同时也决定了赛事产品的具体构成，例如具体选择什么运动项目、设计什么样的赛制、安排哪些配套活动等。

赛事的主体产品是赛事的核心竞赛体验

用户来参加你的赛事，吸引他来的，也是他最在乎的，就是核心竞赛体验。对于用户来说，这是整个赛事里最有价值的部分，也是决定他参赛体验的最关键的因素。

核心竞赛体验主要包括：比赛的项目、比赛的赛制、比赛的场地（不同场地会带来不同的参赛体验），甚至其他参赛者也是竞赛体验的一部分，因为和什么人一起比赛对参赛者而言也很重要。和水平相近的人比赛的体验，通常比和水平相差悬殊的对手比赛要好很多。

赛事的延伸产品是能够丰富参赛者体验的各种配套服务和周边活动

比如马拉松完赛后终点处提供的肌肉拉伸服务和泡脚服务、完赛奖牌上免费刻名字的服务，斯巴达勇士赛比赛前的集中训练和热身活动、终点后面设置的淋浴区，等等，这些都是很好的赛事延伸产品。

延伸产品虽然在赛事中不如主体产品那么重要，是锦上添花的内容，但它很好地丰富了参赛者的整体体验，甚至提供了一些他们意料之外的惊喜，这会让他们在心里给你的赛事大大加分。另外，很多设计巧妙的延伸产品还是给赛事的赞助商提供定制权益的极佳方式。

要打造好赛事，必须先考虑利益相关方

在这里，我们要先理解一个重要的关键词：利益相关方（stakeholder）。利益相关方通常是指在组织的决策或活动中有重要利益的个人或团体。一项赛事的利益相关方则是指其重要利益会受到赛事影响的个人或团体。在不同的赛事中，他们可能是：

1. 赛事举办地的政府。如果是较大规模的赛事，比如城市马拉松，或者全国性或者国际性的大赛（如世界杯、亚运会等），赛事的举办既需要调用政府所管理的公共资源（例如城市道路、公共交通、公共医疗机构、公安部门、应急救援机构等），又会给当地带来旅游、消费、城市推广等利益，那么对于这类赛事而言，当地政府就是重要的利益相关方。

2. 赛事举办地的居民。一方面，有些赛事的举办会对当地居民的日常生活带来重大影响，比如北京奥运会，当时北京的机动车单双号限行、主要道路上划出的奥运专用车道以及特定区域的安保管控等政策，都对北京居民的生活造成了一定的不便。但从另一方面看，为举办奥运会，北京市修建和升级了大量城市基础设施，包括地铁、机场、高速公路、体育场馆等，这些奥运会“遗产”在会后又大大造福了当地居民。此外，举办奥运会对北京的旅游业、服务业、交通运输业等第三产业产生了强大的带动作用，制造了大量就业机会。对这样的赛事而言，当地居民一定是重要的利益相关方了。

3. 赛事的赞助商。这一点比较容易理解，赞助商给比赛带来的赞助费，是绝大多数比赛的一项重要收入来源。同时，比赛也为赞助商提供了在精准群体中品牌推广、产品展示和场景营销的平台，在这类合作中，比赛与赞助商双方受益。因此，赞助商也是比赛重要的利益相关方。

4. 比赛的组织者，比赛的粉丝和参赛者。显而易见，他们肯定是任何比赛的利益相关方。

5. 转播商。对于观赏型赛事而言，为了将赛事的品牌价值和商业价值最大化，需要引入赛事转播商来扩大比赛内容的传播和覆盖面。如果没有转播，那就只有现场的这些观众能够看到这么精彩的比赛了。这类合作往往还能为赛事带来转播版权收入，因此转播商通常是观赏型赛事的重要利益相关方。

6. 媒体合作伙伴。对于参与型赛事而言，虽然比赛的竞技水平和精彩程度可能比不上观赏型赛事，但从另一个角度看，因为比赛强调的是每个人的参赛体验，很多参赛者其实都希望自己比赛的画面（包括图片和视频）以及个人成绩能够让自己的亲朋好友看到，也非常愿意在各种社交媒体平台上分享自己的参赛体验。这类社交需求在当今的自媒体时代尤为突出，所以越来越多的新媒体平台作为赛事合作伙伴参与进来，通过赛事产生的大量个性化内容为平台争得更多流量。

不同利益相关方的办赛目的是不同的

一场体育赛事有这么多的利益相关方，他们与这场赛事虽然都有着不可忽视的利益关系，但是在办赛目的上，其实每个利益相关方是有不同诉求的。

比赛的组织者举办比赛，以及粉丝来参加比赛，基本上是出于热爱。组织者是为了推广自己热爱的体育运动，以举办赛事的方式让更多人爱上它、参与它。而粉丝成群结队来参加比赛，也是出于对这项体育运动和这个赛事的热爱。

如果是商业比赛，那么赛事的组织者肯定还希望自己的比赛能赚钱。只有比赛赚钱了，组织者才有资金和能力继续举办更多、更好的比赛，形成良性的循环。

对于赛事赞助商以及赛事举办地的政府来说，举办赛事主要是为了营销。赞助商是希望借助赛事的品牌和平台，来触达和影响赛事吸引来的精准的目标人群，在赛事的目标人群中对企业的商品或者服务进行推广和营销。赛事举办地政府则往往希望赛事的举办能给当地带来更多、更广泛的美誉和关注，借助赛事的传播和宣传，推广城市形象、吸引旅游人群，甚至带来人才和投资。

赛事的利益相关方中也不乏极具情怀的理想主义者，他们举办赛事是想通过体育的方式改变人们，甚至改变社会、改变世界。从现代奥林匹克之父顾拜旦，到极地长征赛事的创始人玛丽，都是这样胸怀远大理想和情怀，相信体育、热爱体育的人。

如何满足不同利益相关方的重要诉求

既然不同的利益相关方办赛是出于不同的目的，你在策划赛事的时候就要注意尽力去满足不同利益相关方的重要诉求。你的赛事能够满足的利益相关方越多，你就越能把他们很好地吸引和团结在赛事周围，你的赛事就越容易走上良性的循环，就可以持续获得更大的成功。

但在一场赛事中，要做到优先满足每个利益相关方的所有诉求是很难的，这就要求你在策划赛事的时候，需要考虑好如何平衡各利益相关方的诉求，想清楚哪些诉求是需要优先满足的。这里面既需要创新的智慧，也需要专业的经验，如果处理得当，是可以做到同时满足多个利益相关方的重要诉求的。

比如，媒体合作伙伴会要求赛事尽可能多地产出优质的直播和短视频内容，因为这些优质内容可以为媒体平台吸引来更多流量；同时，赛事的赞助商会要求尽量扩大赛事的传播范围，并尽可能在优质的赛事内容中融入自己的品牌或产品。这两方的两大诉求，实际上是可以作为一个整体来考虑的，可通过协调双方在内容上进行深度合作，来实现共赢。

再比如，赛事落地的城市希望赛事方推出一系列能够展示城市风貌的赛事宣传片，在这个宣传片中我们就可以考虑植入赛事冠名赞助商的标志和产品元素。这样既让冠名赞助商获得了额外的宣传，也使得赞助商乐于通过自己的媒体渠道和广告投放更多地展示这些宣传片，实际上也进一步提升了赛事落地城市形象的宣传推广效果。

因此，赛事操盘手如果能聪明地做到兼顾各利益相关方的主要诉求，促成多赢的局面，就可以让赛事对各利益相关方都产生很强的凝聚力，他们会长期围绕在赛事周围。在他们的支持和推动下，赛事将会持续地发展下去。

最后，需要特别强调的一点是：在任何比赛中，需要最重点、最优先去满足的，永远是参赛者的需求——因为参赛者是一项赛事最重要的利益相关方。

为什么这么说呢？原因很简单：如果一项比赛连参赛者的需求都没能满足，那它就更不可能满足其他利益相关方的诉求了。试想一下，如果参赛者都对这项比赛怨声载道，各种吐槽，那比赛背后的所有利益相关方都会因此失去参赛者的好感，利益相关方的任何诉求就都失去了实现的前提和基础，这个比赛就是一项彻头彻尾失败的比赛了。

选择赛事目标人群的 3 步走

前文讨论了为什么要以参赛者为中心来打造赛事，那么，你应该圈定哪些特定人群作为你的赛事主要去吸引和服务的参赛群体呢？也就是说，你应该选择哪些人群作为赛事的目标人群呢？

框定目标人群

在思考这个问题时，你首先需要注意到细分这个事实。

一方面，赛事参与人群的细分维度是很多的，比如不同的运动项目、不同的年龄、不同的性别、不同的运动水平、不同的收入水平甚至不同地域，每个维度都会导致赛事策划在方向和内容上的差异。

另一方面，在市场维度上也有很多细分的变量，比如是观赏型赛事还是参与型赛事，是营利性赛事还是非营利性赛事，等等。目标人群的设定不要过于宽泛，因为除了极个别的赛事，绝大多数赛事都不可能做到让所有人都喜欢，因此你在考虑和圈定你的赛事的目标人群时，要落在细分维度的某个点上，一定不要有“谁都是我的目标人群”或者“谁来谁就是我的目标人群”这种想法。

挖掘用户需求

框定目标人群后，下一步你要做的就是挖掘用户需求。选择一些有代表性的用户进行 1 对 1 的访谈，或者在更大数量的目标人群（比如微信群里、订阅号的粉丝）中发放问卷，都是比较有效的了解用户需求的方式。

在挖掘用户需求的时候，你一定要站在用户的角度来思考问题，也就是要有同理心，千万不要想当然地认为自己所想就肯定是用户所想。另外，你还要具备洞察力，要能够分析出用户需求的本质。

比如，都市的年轻人群开始喜欢参加飞盘、腰旗橄榄球这类新兴团队运动的训练和比赛，其实这类运动需求的本质，不仅仅是体育锻炼、强身健体，也包含很强的社交需求。通过参加比赛，结识更多趣味相投的朋友，之后大家可以一起聚会、健身、旅游，去做更多的事情。那么你在组织飞盘比赛的时候，就不仅要把比赛的部分做好，还需要以类似俱乐部的方式，把参加比赛的这群人的线上和线下社群建立起来并运营好，这样才能充分满足参赛者的本质需求，并挖掘出更大的商业价值和社会价值。

分析自己的办赛优势

在明确了目标人群以及他们的需求之后，你还需要仔细分析一下针对这些人群，自己有没有办赛优势。比如：

1. 经验优势——你之前是不是在这个人群中举办过赛事，比较了解这些人群。
2. 资源优势——你的团队有没有相关赛事的办赛经

验、是不是拥有比赛所需的场地设施、与主管协会的关系如何、你的资金实力如何，等等。

3. 品牌优势——你的公司是不是在目标人群中已经形成了品牌和信任。比如在马拉松和越野跑领域有家赛事公司叫作汇跑赛事，在跑者群体中就已经形成了稳定的良好口碑。

最后，当你做完了所有这些分析和思考，要最终决定赛事的目标人群时，请注意：选择需求点与你自身的优势最契合的人群作为你赛事的目标用户群体，是最明智的决定，也最能保证你的赛事成功。

邱老师开小灶

打造“好赛事”的 4 个维度：

1. 产品维度：提供强烈而令人感动的体育体验和享受。
2. 品牌维度：形成鲜明的品牌认知和品牌价值。
3. 粉丝维度：形成忠诚、持续并不断壮大的粉丝群体。
4. 精神维度：在赛事的粉丝群体中将比赛升华为一种精神、一种文化。

构成赛事的 3 个部分：

1. 核心利益：赛事的使命，也就是要回答“赛事为谁服务”以及“赛事为他们提供什么核心价值”这 2 个核心问题。
2. 主体产品：赛事的核心竞赛体验。
3. 延伸产品：能够丰富参赛者体验的各种配套服务和周边活动。

1 个关键词——利益相关方（见图 2-3）：

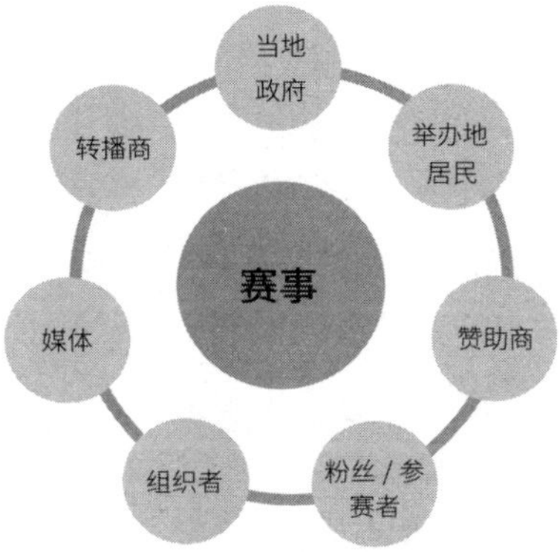

图 2-3　赛事的利益相关方

选择赛事目标人群的 3 步走（见图 2-4）：

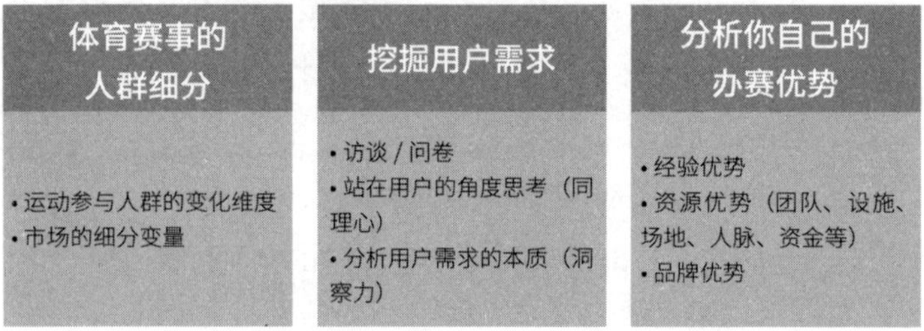

图 2-4　选择赛事目标人群的 3 步走

第 3 章

策划，为你的赛事赋予灵魂

在第 2 章里，我们探讨了什么是好赛事。那么，好赛事是怎么来的呢？是由专业人士精心策划出来的。比如前面提到的越山向海人车接力赛和斯巴达勇士赛都是源自美国的成熟的品牌赛事，他们都是由美国的赛事策划专家用专业的方法论策划出来的。

词典里对策划这个词是这么定义的：策划是一种策略、筹划、谋划或者计划、打算，它是指个人、企业、组织结构为了达到一定的目的，在充分调查市场环境及相关联的环境的基础之上，对未来即将发生的事情进行系统、周密、科学的预测并制订科学的可行性的方案。

而对于什么是赛事策划，国内并没有一个统一的定义，甚至我都很难找到一个所谓的定义，因此我基于自己的认识和理解，将赛事策划定义为：**基于对赛事目标人群的深入研究，针对赛事中各个元素进行深入思考、合理构建、有效创**

新和必要优化，从而给赛事的利益相关方带来最大化的回报、给赛事的参与者提供最佳感受和体验的方法和过程。

赛事中的 5 个关键策划点

赛事策划的重要抓手和发力点是赛事中的各个元素，那么哪些元素是赛事中关键的策划点呢?

1. 目标人群。研究并确定赛事的目标人群，是赛事策划中最重要、最基础的一步工作。

2. 竞赛方法，也就是赛制。赛制不仅是比赛的核心，更是比赛的灵魂。

3. 比赛地点。选择在哪个地方比赛，在什么环境、什么场地比赛，是整个比赛创意和呈现中非常重要的一环。很多时候，比赛的地点和场地就能很好地反映出比赛的调性。

4. 比赛时间。在周末还是节假日举行比赛取决于赛事的目标人群来自哪里以及他们的空闲时间是什么时候。在早上还是晚上开赛则取决于比赛的赛制、形式，以及参赛者追求什么样的比赛体验。

5. 能够显著提升参赛体验的创意和方法。打造超乎预期的参赛体验，是让参赛者对赛事进行自发传播、主动宣传并且反复参赛的最有力手段。

以上 5 个赛事中的关键策划点，构成了赛事的特色，也可以叫赛事的“灵魂”。

除了这些，还有哪些元素或策划点可以让赛事锦上添花呢？

赛事包装是非常常用的一种给赛事增光添彩的元素和手段。如果你在现场看过 NBA 中国赛，或者在媒体上看过奥运会比赛的转播，就会发现比赛现场的场地是经过精心布置的。场地上绘制的图案和文字、场边的广告板、场内大屏幕上播放的视频、不断烘托现场气氛的音乐和主持人、还有绚丽多变的灯光，这些都属于赛事包装。高质量的赛事包装不仅能帮助营造赛场气氛、丰富观赛体验，还能很好地表达赛事自身的调性，传达赛事想要强调的体育精神，以及给赛事赞助商提供完美的宣传。

在策划赛事的时候，还要紧紧围绕赛事特色，想好宣传亮点。在对赛事的宣传和推广中，要不断突出赛事亮点，利用不同的媒体和传播渠道，以多种多样的方式来反复表现赛事亮点，以达到引起目标人群关注、使其产生参赛兴趣的目的，形成事半功倍的宣传效果。

明星、名人和KOL[1]也是我们在赛事策划中常会用到的、可以令赛事锦上添花的元素。比如在草根篮球比赛中请来CBA或者NBA的球星参与客串，甚至与业余选手过招，肯定会引起轰动效应和话题传播，而且有时候跨界参赛的演艺明星还能起到让你的赛事在明星的粉丝群中成功“破圈”[2]的效果。

还有些赛事，是非常适合与公益活动或宣扬社会责任的活动进行有机结合的，这个策划技巧如果使用得当，对于赛事的品牌、定位会是很好的提升，在口碑和传播方面也会产生成倍的放大作用。比如世界著名的伦敦马拉松，就常年与公益筹款紧密结合，慈善成了这个赛事最大的特色和亮点。

1　KOL指关键意见领袖（Key Opinion Leader）。——编者注

2　破圈，网络流行词，指某个人或他的作品突破某一个小的圈子，被更多的人接纳并认可，此处指赛事突破其受众圈，被更多的原本不关注赛事的人所接纳。——编者注

我曾经参与策划的要跑 24 小时城市接力赛，也是把参赛各队的比赛名次与公益捐赠物资数量直接绑定起来，队伍的名次越高，赛事组委会以该队的名义捐赠给贫困地区的慈善物资就越多。这个策划让所有参赛者都觉得自己坚持一昼夜的奋力奔跑有了更大的社会意义，也进一步激励了他们的比赛表现，提升了参赛体验，扩大了赛后传播。

赛事策划并不是大家坐下来就开始天马行空的头脑风暴，而是需要先做好全面细致的准备工作。

赛事策划前的 5 步准备工作

第 1 步：环境分析

我们要做的第 1 步准备工作是环境分析。因为任何赛事都是在特定的宏观环境和微观环境下举行的，与环境趋势相契合的赛事，会借到很好的势头，获得很好的发展机会；与环境发展相悖的赛事，则往往会事倍功半。

我们做环境分析的时候，要从宏观环境到微观环境，一层层地分析。

首先要分析国际和国内的政治、经济和社会的环境。有些人可能会认为，我就打算做个本地的小赛事，用得着去分析国际、国内大环境吗？实际上，不管赛事大小，都需要分析环境。举个例子，你如果不关注国际、国内新型冠状病毒感染疫情的防控状况、国家发布的最新疫情防控措施，以及你打算举办赛事的城市的具体疫情防控情况，你如何判断你计划的赛事受到疫情影响的风险有多大？

国内大环境之下，还要分析目标人群现在的消费能力和生活方式，他们是否有能力（是否有钱和精力）以及有意愿（是否符合他们追求的生活方式）来参加你的比赛。

其次是体育赛事所处的整体环境，要知道，现在和体育赛事争夺核心用户的，还有影视综艺、电子游戏、K歌、泡吧、蹦迪等各种休闲和娱乐方式，要清楚地认识和理解体育赛事所处的竞争环境。

再次是赛事打算涉及的特定体育运动项目的环境，比如，这个项目在目标人群中是不是普及，国家政策是不是支持，未来是不是有较大发展空间等。

这样一直剖析到最后一层就是赛事的关键利益相关方和

你自己的赛事企业了，关键利益相关方我们之前已经讨论过，你自己的赛事企业手中的资源分析很快会在后文提到。

第 2 步：趋势分析

趋势分析的内容主要包括：

1. 行业变化和行业趋势——你要清楚你的赛事策划方向是与行业趋势一致还是相反。
2. 赛事举办地城市的发展规划——如果你策划的是一场重要赛事并且符合举办地城市的发展规划，就很可能会得到举办地政府从资金、资源到政策的多方面支持。
3. 举办地或目标人群的运动参与趋势——你需要确认你所策划赛事中的运动项目是不是他们所感兴趣的。
4. 举办地或目标市场的企业发展趋势——如果当地企业发展趋势向好，就很可能有企业愿意投资赞助比赛，你的赞助销售压力就会减轻。
5. 相关媒体生态的变化趋势——你要举办赛事的目标

人群现在都在关注什么媒体？是微信还是微博，是抖音还是今日头条，这对选择你要举办的赛事的宣传渠道和制作相应的推广内容都非常重要。

第 3 步：盘点手中的资源

在人、财、物这三项资源方面思考以下问题：

人

- 你的团队规模有多大？有经验和能力、能独当一面的赛事总监有几个人？举办赛事的最核心资源就是人（团队），不要盲目尝试与自己的人力资源严重不匹配的赛事难度或规模。

- 你的团队之前有哪些办赛经验？要在已有经验的基础上逐步积累和成长，不要一步跳到一个完全没有经验的赛事领域。

- 你的团队的办赛优势是什么？是办赛经验、政府关系、赞助商关系还是推广渠道？你策划的赛事最好可以最大程度地发挥团队的办赛经验和资源优势。

财

- 你手头的资金量有多大？能承受多长时间的账期？举办赛事对资金的要求是比较高的，赛事的大部分成本都需要赛事方先期投入，而一旦由于任何原因造成赛事无法按期举行或按规模举行，都会对赛事的资金回收造成重大的不利影响，如果自有资金量不够大，赛事企业的抗风险能力就会很弱。

- 你是否有政府资源或者企业资源，可以在赛事的初创阶段给予资金上的大力支持。如果有，你就可以在赛事策划方面更加主动、更加大胆；如果没有，你在策划赛事时就需要考虑自有资金能否支持赛事成本。

物

- 你是否具备某项运动项目所需的场地或装备？例如，如果你拥有一个网球馆的运营权，那么你举办网球赛事就会比别人更具备成本优势（场地费的减免）和宣传优势（认识平时常来打网球的人群）。

- 你是否拥有与某个项目的赛事相关的某项技术或平台？比如拥有一款线上健身软件或一个雪场预订平台，那么这些软件或平台上的用户就是你策划赛事时应该最优先考虑的目标人群。

第 4 步：寻找标杆赛事作为参照

俗话说，“天下文章一大抄”，但好文章的这个“抄”可不是原样照抄，而是借鉴别人文章中好的行文方式、结构、技巧、观点等，赛事策划也是如此。在欧美发达国家，体育赛事市场已经非常成熟；在国内，不少优秀的品牌赛事、创新赛事也已经大获成功。我们在策划新赛事的时候，先找到 1～2 个可以对标的标杆赛事，以此作为参照，会大大提高赛事策划的效率，更好地保证新赛事的质量，并且更容易获得赛事的成功。

对标标杆赛事的目的主要是：

1. 用标杆赛事的主要卖点和特点来启发自己的策划。
2. 总结标杆赛事的成功之处，充分予以借鉴。
3. 分析标杆赛事的不足之处，思考自己的赛事是否可以在这些方面做得更好，甚至超过标杆赛事。

寻找标杆赛事的 3 个标准主要有：

1. 标杆赛事不一定与你正在策划的赛事同属一个体育项目，但应具有同样的目标人群，并在目标人群中享有良好口碑。
2. 标杆赛事具备显著的创新性甚至革命性，重视参与者的体验。
3. 标杆赛事的收入模式清晰、收入渠道具有长期性，同时成本可控，赛事未来的发展性良好，成长空间大。

寻找标杆赛事的另外 2 个维度为：

1. 运动项目。这个维度下的标杆赛事往往是同类或类似运动项目的国际体育组织或者职业联赛中的顶级赛事。对定向赛事而言，你可以学习国际定向越野联合会旗下的世界定向锦标赛或定向越野世界杯；对业余篮球赛事而言，你可以参考国际篮联的 FIBA 3×3。
2. 商业模式。你可以寻找与你正在策划中赛事的商业模式类似的国际、国内顶级赛事来研究。如果你的赛事打算以收取参赛者的报名费为主要收入，我会建议你研究极地长征这个只靠报名费就运营得很好的国际精品赛事；如果你打算以付费点播作为主要收入，那么你可以好好学习一下 2017 年 8 月在拳王梅威瑟和终极格斗冠军赛（UFC）双料金腰带持有者麦格雷戈之间进行的那场拳击规则下的“跨界大战”，在这场比赛 6 亿美元的总收入中，仅付费点播收入就占了 4.75 亿美元。

第 5 步：关于赛事目标人群的 6 问

我们已经知道，在举办任何比赛时，需要最重点、最优先去满足的，永远是参赛者的需求，因此我建议你在开始策划任何赛事之前，都先问自己以下 6 个问题：

1. 哪些人和群体是你的赛事的目标人群？
   正如我之前反复强调的，明确你的赛事的目标人群，并给这个人群做出清晰的人群画像，是赛事策划中最重要、最基础的工作。

2. 他们对赛事的需求是什么？

你需要站在目标用户的角度，来思考他们的各种需求，并从高到低排出这些需求的主次。如果这时候你发现自己对赛事的目标人群还不足够了解，就必须要在目标人群中进行一场市场调查了。这是一定不能偷懒的，否则后面的各项工作很可能都会成为无用功。

3. 你将通过什么样的赛事设计来满足他们的需求？
在明确了目标人群的主要需求，特别是那些比较强烈、但还未能从目前市场里的其他赛事中获得满足的需求后，围绕这些需求来设计和策划你的赛事的核心要素，就是踏上赛事成功之路的开始。

4. 你如何让目标人群了解并喜欢你的赛事？
在设计、策划赛事的时候，你想到的赛事亮点、特点是否能够让赛事获得更容易、更广泛的传播，也非常重要。如果赛事的特点非常鲜明，而且很容易用一句话说清楚，那么在赛事宣传的时候就比较容易有效地打动目标人群。如果赛事允许团队参赛，还可以考虑推出团队报名的价格优惠，这样就能在目标人群中更好地促进他们的自发传播。

5. 如何让目标人群最方便地参与你的赛事？

如果你的目标人群主要在一二线城市，那么你的赛事落地的城市就不能选低线城市；如果你的目标人群大多没有私家车，那么赛事的场地就不应选择公共交通不便的郊区；如果你的目标人群是城市白领，那么比赛的日期最好选在周末等公共假期。这些考虑，都是为了让目标人群能够更方便地参加你的比赛。

6. 如何评估与衡量赛事在目标人群中产生的效果？
效果评估的维度和指标，是在赛事策划之初就应该确定下来的，比如希望给人留下的印象、希望达到的规模、赛事在目标人群中被讨论和分享的热度和频次等。在之后的赛事筹备、执行、复盘等各个工作阶段，都要用赛事策划之初制定的评估维度和指标来衡量各项工作的实际成效，为赛事的不断优化和提升提供有力依据。

做好赛事策划蓝图

前文我们讨论了赛事策划前需要做哪些准备工作，现在我们将进一步讨论赛事策划的系统方法。

首先给大家看一张“赛事策划的底层蓝图”（如图 3-1），这张图是我在做赛事策划时经常会使用的宝藏工具，它可以让我们方便地将赛事策划的主要步骤一览无余。

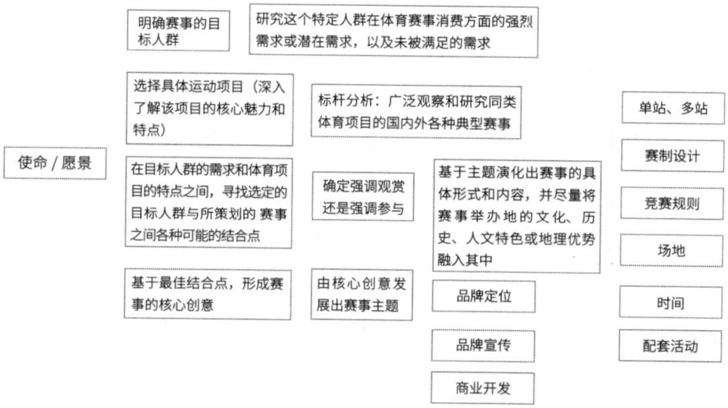

图 3-1　赛事策划的底层蓝图

正如我们在前文中反复强调的，首先我们要确定赛事的使命和愿景，我们希望把它打造成一个什么样的赛事？为社会创造什么价值？实现自己的什么理想？

在清晰的使命愿景的指导下，我们就可以明确赛事的目标人群，并深入研究这个特定人群在体育赛事消费方面有哪些强烈需求或待发掘的潜在需求，特别是其中未被满足的那些需求。

其次，我们可以根据上面的需求分析，来选择赛事具体的运动项目。如果你的目标人群是企业员工，你发现他们有一个强需求是团队建设，那么龙舟赛、团队定向赛这些团队类项目可能都是比较合适的运动项目；如果你锁定的人群是年轻时尚的中高消费群体，他们对户外、新奇、好玩的项目会比较青睐，那么桨板、攀岩、溯溪这类新潮户外项目可能会是不错的选择。

在选择赛事的运动项目的时候，一定要去深入了解这个项目的核心魅力和比赛特点，这样才能判断这个项目是不是能够很好地满足目标人群的核心需求。同时，广泛观察和研究同类体育项目在国内外的各种典型赛事也非常重要，这不仅可以给你提供赛事策划的灵感，还能帮你树立赛事对标的标杆。

再次，我们需要在目标人群的需求和体育项目的特点之间，寻找人群与赛事的各种巧妙的结合点，这些结合点会成为你的赛事最大的亮点和卖点。这一步其实是最考验策划能力的，也是决定赛事推出后能否成功的关键。这一步完成后，你的赛事是应该强调观看还是强调参与也就清楚了。

最后，基于上面策划出的最佳结合点，我们可以形成赛事的核心创意，再由核心创意发展出赛事主题。

基于赛事主题，我们就可以构想出赛事的具体形式和细节内容了。在构思具体细节的时候，如果能将赛事举办地的文化、历史、人文特色或地理优势融入赛事，就更完美了。这一点做得越好，你的赛事带给参赛者的体验感和独特性就越强，在用户心中的价值感也越高。

基于赛事主题，我们还要确定赛事的品牌定位以及品牌宣传策略。品牌宣传在突出赛事的使命和愿景的同时，还要强调我们在人群需求与体育项目之间策划出的那些结合点，并将其用最能打动人心、引发共鸣的方式表现出来。比如汇跑赛事公司承办的 TNF100 北京国际越野跑挑战赛，其中 25 公里组别的赛事定位于吸引并服务首次参加越野赛的人群，汇跑在赛事宣传中使用的口号“人生第一场越野赛”就非常合适。

以上内容都确定下来后，我们就可以制定赛事的商业开发策略和方案了。商业开发方案要强调赛事的定位和目标人群，因为赞助商首先关心的就是赛事定位是否与它的品牌定位相符，目标人群是否与它的用户群体高度重合。

如果是用来申请当地政府预算支持的赛事商业方案，就需要强调赛事能够给当地带来哪些对外宣传推广的机会，赛事会带来什么样的参赛和旅游人群，这些人在当地会产生哪些消费，赛事长期举办会给当地带来什么样的旅游产业提升或外来投资机会，因为这些才是当地政府最关心的。

参与体育赛事的人群细分

我们已经知道，在策划体育赛事的时候，需要先确定赛事的目标人群（如图 3-2）。

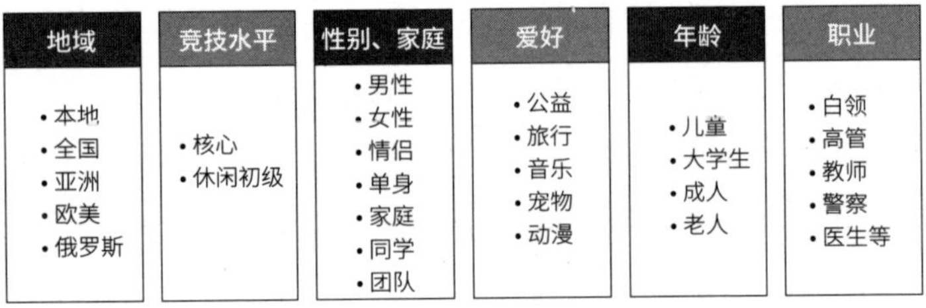

图 3-2 参与体育赛事的人群细分

参与体育赛事的人群是有很多不同的细分维度的，当你给赛事目标人群做画像时，在每个主要维度上都要定一个坐标点。

1. 在地域上，他们主要是来自赛事举办地本地，还是包括举办地周边的城市？或是来自全国各地，甚至世界各国？

2. 在竞技水平方面，赛事是打算主要服务于这个运动项目的初级爱好者和新手人群，还是圈内的高水平“大佬”和资深运动人士？

3. 在性别、家庭方面，赛事主要吸引男性还是女性？他们会和朋友一起来还是与伴侣一起来？你是否希望他们带孩子一起来参赛？

4. 在个人爱好方面，有哪些爱好是目标人群中比较常见、比较流行的？

5. 在年龄方面，你的赛事是为年轻人、中老年人还是儿童而设计的？

6. 职业也是一个重要维度，不同职业之间有教育水平、收入水平、社交圈层等方面的差别。

赛事的细分维度分析

在进行赛事策划时，我们还应该知道，赛事可以有很多细分维度（如图 3-3），在任何一个细分维度上，只要你的策划能力足够强，就有可能创造赛事的亮点。

运动项目及竞赛方法	赛事规模	地域	场地	市场特点	参赛者
• 球类、搏击类 • 拍类、棍类等 • 命中类、评分类等 • 分散、集中比赛等 • 周期性、一次性 • 单项、多项 • 综合性 • 有无动物 • 有无车辆	• 超大型 • 大型 • 中型 • 小型	• 全球 • 各大洲 • 国际 • 国家 • 国家内分区 • 省级 • 市级 • 区级 • 村级 • 社区	• 场馆内 • 户外 • 越野 • 水上 • 水下 • 航海 • 航空	• 营利性 • 非营利性 • 观赏型 • 参与型	• 精英、业余 • 团体、个人 • 国家队、俱乐部 • 男性、女性 • 成年、青少年 • 老人、儿童 • 大、中、小学生等 • 职业运动员

图 3-3 赛事的细分维度

赛事的细分维度包括：

1. 运动项目及竞赛方法。世界上不仅有成百上千种运动项目可供我们选择，即使是同一个运动项目，只要改变竞赛方法，就又是一种崭新的玩法。比如个人赛改为团体赛，循环赛改为淘汰赛。

2. 赛事规模。不同赛事在规模上可以说是天差地别。以跑步赛事为例，既有数万人参加的马拉松比赛，也有 100 人参加的越野跑赛事。

3. 地域。赛事覆盖的地域也是可大可小，你可以选择举办一个社区里的比赛，也可以选择举办全国各地社区间的赛事。

4. 场地。同样的一项运动，只要场地一变，就是一个新赛事。比如把排球比赛搬到沙滩上举办就是沙滩排球比赛，把足球比赛搬到室内举办就是五人制室内足球。

5. 市场特点。营利性比赛与非营利性比赛、观赏型比赛与参与型比赛，在使命与愿景、利益相关方、赛事组织与管理、市场与商业开发等重要方面都有着很大区别。

6. 参赛者。参赛者是业余爱好者还是专业运动员、是成人还是儿童、是男性还是女性，都意味着赛事需要具备不同的策划重点。

竞赛方法的设计，赛事策划的核心

从“赛事策划的底层蓝图”中我们可以看到，赛事策划涉及很多步骤，这其中最核心的一步，我认为是竞赛方法的设计。

首先，竞赛方法是运动项目充分发挥其内在魅力的载体。无论是个人项目还是团队项目，无论是观赏型赛事还是参与型赛事，好的竞赛方法就是最能让比赛发挥出这个运动项目迷人之处的竞赛方法，因为每个运动项目自身的独特魅力才是打动和吸引参赛者的根本原因。

比如篮球比赛，“5 对 5”的赛制最能体现篮球运动在战术设计和团队配合方面的魅力，而“1 对 1 斗牛”的赛制则最能凸显篮球运动舍我其谁的个人英雄表现方面的魅力。

其次，竞赛方法是打造难忘的参赛体验的基石。以障碍赛为例，全球最著名的两大障碍赛——斯巴达勇士赛和强悍泥人赛，有着不同的竞赛方法。斯巴达勇士赛需要每位参赛者独立征服所有障碍，体验感最强的地方就是和每个障碍纠缠；而强悍泥人赛则允许参赛者之间互相帮助来越过障碍，比赛中感人的体验往往是来自素不相识的参赛者在巨大的障碍前相互托举和拉拽、最后共同翻越障碍。这就是不同竞赛方法打造出不同参赛体验的绝佳例子。

再次，竞赛方法是赛事长期吸引目标人群的最重要原因。比如我前面提到的要跑 24 小时团队接力赛，赛制要求每个参赛团队在连续 24 小时内用接力的方式跑出最远距离。这样的竞赛方法就要求每个参赛团队在赛前制定出最佳的比赛策略，根据团队中每个成员不同的跑步能力和各自的优势，决定谁先跑谁后跑、每一棒的人要跑多远、谁跑白天谁跑晚上、谁跑多些谁跑少些、甚至谁主要负责后勤。好的比赛策略可以大幅提升团队的比赛成绩，而且每场比赛下来，参赛团队都会发现比赛策略还有继续优化的空间，这就使得大家一年年、一届届不断来参赛，希望以更佳的比赛策略获得比以往更好的比赛成绩。这就是通过竞赛方法设计来吸引目标人群长期参赛的好例子。

设计出最佳竞赛方法的逻辑顺序如图 3-4 所示。

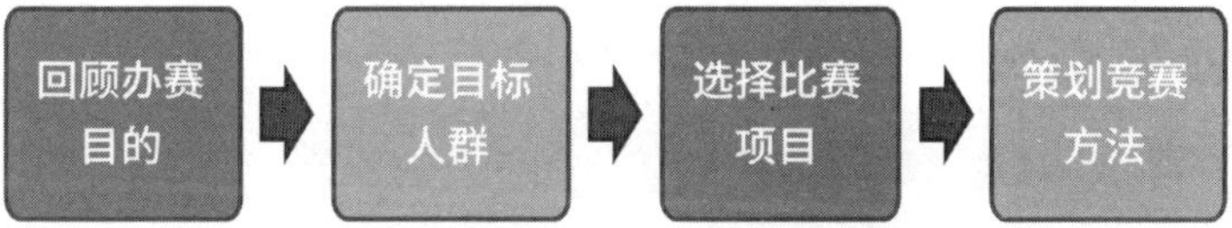

图 3-4　竞赛方法产生的逻辑顺序

如何决策你的比赛采用什么样的竞赛方法呢，可以从这 5 个方面来逐一思考（如图 3-5）。

参赛者代表谁	参赛者资格	如何分组	获胜的标准	赛制
• 个人 • 团体 • 国家	• 完全开放 • 特定群体 • 定向邀请 • 推荐 • 资格限定 • 选拔	• 性别 • 年龄 • 团体	• 单次获胜标准 • 单场竞赛获胜标准 • 最终获胜标准	• 一次决胜还是多次决胜？ • 淘汰赛[a]还是循环赛[b] • 赛会制[c]还是主客场制[d] • 积分计算

图 3-5　决策竞赛方法的 5 个方面

注：a. 淘汰赛，选手（球队）两两相对，输一场即淘汰出局。每一轮淘汰掉一半选手（球队），直至产生最后的冠军。b. 循环赛，每个选手（球队）都能和其他选手（球队）比赛一次或两次，最后按每个选手（球队）的积分成绩计算名次。c. 赛会制就是挑选一个有资格（公正、中立、合适）的地点进行所有比赛，而不是在参赛队的主场或客场进行。d. 主客场制是指参赛的球队互为主场进行两场比赛，按总比分决定胜负。若两场比分总和相当，客场进球多者获胜。

1. 参赛者是代表个人还是团队？这决定了比赛方式是个人赛还是团队赛。

2. 对参赛者的资格是否有要求？比赛可以是完全开放报名的，也可以选择只接受特定群体（比如公司企业、学生群体等），还可以定向邀请（比如越山向海人车接力赛就采取了定向邀请跑团的方式），还有些知名的马拉松和越野跑比赛对参赛者的比赛经验和过往成绩有一定要求。

3. 如何分组？是按照年龄、性别还是按照团体来分组，都会产生不同的玩法。比如 20 多年前国际上著名的多项赛七星国际越野挑战赛，就要求 4 人一组参赛，但每组 4 人中必须至少有一人为异性成员，或者一名 50 岁以上的成员，这就对团队内部互相协作的能力提出了更高挑战，也增加了比赛的难度和悬念。

4. 获胜的标准是什么？是看单场比赛的胜负，还是累计多场比赛的总成绩？是算个人成绩，还是团队成绩？不同的获胜标准对应了不同的比赛方式。

5. 赛制上，是淘汰赛还是循环赛？是一场定胜负还是多场算积分？是赛会制还是主客场制？这些不同的赛制选择会诞生不同的竞赛方法。

赛事策划的 5 个创意大招

这里，我要教大家 5 个我亲测好用的赛事策划创意大招。在进入主题之前，我想特别强调一下，要想对一项赛事进行创意策划，我们必须首先具备以下 3 个基础：

1. 必须了解赛事所属体育项目的核心魅力和独特意义。如果让一个从来不跑步的人去给一场马拉松赛事做创意策划，由于他不了解跑步带给人的改变以及马拉松对跑者的意义，他是不太可能准确策划出马拉松赛事的有效创意的。

2. 必须了解赛事想吸引的目标人群的运动需求和消费心理。与上一点类似，如果你平时不打羽毛球，身边也没有爱打羽毛球的朋友，你就不了解羽毛球爱好者的比赛需求和消费心理，不知道他们愿意参加什么样的比赛、比赛的哪个点能打动他们去花钱报名，不了解这些的话，赛事创意也就成了无源之水、无本之木。

3. 必须有非常好的融合和平衡能力。要能够深度挖掘体育项目自身的某个核心魅力，并通过围绕这一核心魅力的创意策划，让赛事对目标人群产生强大的吸引力。

具备了这些基础知识和能力，我们就可以把学到的创意技巧真正运用在赛事的策划中了。

第一招：他山之石

赛事创意策划的第一招叫他山之石，也就是将国外比较领先的、优秀的赛事创意进行本土化。运用这一招的时候，我们往往会发现，找到国外的优秀赛事案例不难，难的是如何将其中的创意本土化，这就需要结合你对本地市场的洞察力，以及你在本地资源上的优势。

我在 NBA 工作的时候，曾借鉴美国 NBA 的篮球大篷车（JamVan）概念，在中国打造了 NBA 篮球大篷车赛事活动。这个全国巡回的球迷嘉年华的核心概念是一辆专门定制的大型集装箱卡车，它可以像变形金刚一样打开，变成两个篮球场和多个互动区。这辆车每年夏天都会一站站地开到全国 20 多个城市，在周末的城市中心广场上打开，举办多种多样的篮球赛事和篮球体验活动，成为当地 NBA 球迷的盛大节日。

NBA 篮球大篷车概念新，外型酷，搭建快，内容丰富，而且便于在城市间游走，一经推出就受到了球迷的热烈欢迎，迅速成为全国著名的篮球赛事活动，但也引发了其他品牌的模仿。为了不断强化我们的领先地位，我在美国原版篮球大篷车的基础上，将现场的篮球比赛和竞技类内容增加到了 8 个，还显著增加了现场工作人员和志愿者的数量，聘请了专业主持人，给现场球迷营造出 NBA 全明星赛一般的参赛体验。这些能满足国内球迷需求的本土化措施收获了很好的效果，球迷非常喜欢，赞助商也很满意。

第二招：移花接木

赛事创意策划的第二招叫移花接木，是指跨运动项目的创意移植。有的时候，两个不同体育项目间的“嫁接”，能产生很好的创意。

斯巴达勇士赛就是把军队训练中的多种障碍赛与中长跑比赛相结合而产生的创意赛事。它既摆脱了中长跑赛事的枯燥，又让那些在健身房中苦练的人有了一个可以在更多人面前展示其力量和肌肉的广阔舞台，因此这个比赛最初的种子用户是健身人士，而不是跑步爱好者。为满足健身人群展示肌肉的需求，赛事方会安排大量专业摄影师对每个参赛者跨越障碍的英姿进行影像捕捉，并在赛后将每个人的比赛照片提供给他们，满足他们在社交媒体“炫耀”的需求。正是因为大量参赛者都在社交媒体展示自己参加比赛时的照片，斯巴达勇士赛的名字迅速得到了广泛传播，随着一届届赛事的举行，它以裂变的方式不断获得大量新用户。

移花接木这招还有个很好的案例，就是铁人三项（“铁三”）接力赛。大家知道，有能力独自完成“铁三”赛事中游泳、自行车、长跑全部 3 个项目的人是相当少的，这使得标准“铁三”赛事参赛的人数往往比较有限。有聪明的赛事方就把田径项目中的接力规则移植到了“铁三”赛事中，推出了“铁三”接力赛，也就是 3 个人组队参赛，队伍中每个人只负责 3 项中的一项，3 个人接力完成游泳、自行车和长跑 3 个赛段，以团队总成绩来排名。

“铁三”接力赛的好处是能够吸引目标人群中的更多人来参赛，让目前能力尚不足以完成全部 3 个项目、但对“铁三”赛事有兴趣的人，也能够参与赛事、体验赛事的乐趣，在未来，他们很有可能通过训练，成为真正的“铁三”选手，这样就达到了推广、发展“铁三”运动的目标愿景。同时，接力赛的引入也扩大了赛事的规模，让赛事的收入（比如报名费、赞助费）有了增长的机会。

第三招：倒行逆施

赛事创意策划的第三招叫倒行逆施，就是对某个运动项目的玩法进行逆向的突破。

以前文提及的要跑 24 小时团队接力赛为例，这是 2014 年我就职于众辉体育的时候参与策划的一项广受好评的赛事。当时马拉松等跑步赛事在全国已经有不少了，我们希望推出一项非常与众不同的赛事，满足广大跑友以团队形式参赛的需求，这个需求也是我们通过对跑者进行调研发现的一个未被充分满足的强需求。我们从赛制上寻求根本性突破，别的赛事都是在规定距离上看谁跑得最快，那我们就举办一项在规定时间内看谁跑得最远的赛事。

在这个创意基础上，我们规划了 24 小时团队接力赛的赛制：赛事时间为不间断的 24 小时，跑者以团队接力的方式参赛，最终以每个团队在 24 小时内接力完成的总跑步距离作为比赛成绩。

这项赛事一经推出就凭借其独特的赛制吸引了来自全国各地的跑团和企业团体踊跃报名。首站比赛举办后，由于其出色的体验性和强烈的差异性，参赛的跑者纷纷自发成为赛事的义务宣传员，也使得这项赛事在后来落地更多城市时有了很好的口碑基础和不少的种子用户。

第四招：反客为主

赛事创意策划的第四招叫反客为主，也就是想办法将传统赛事中的配角变为主角。

我在 NBA 工作的时候，NBA 中国赛每年都十分火爆，常常一票难求，很多球迷因为抢不到票，或者票价太高而无法在比赛现场看到自己喜欢的球队和球星。因此我们就想，有没有可能利用参加中国赛的 NBA 球队在中国的机会，给广大球迷更好的回报，以感谢他们对 NBA 的长期支持。

我从球队访华期间的时间安排开始研究，发现他们在正式比赛前一天都会安排一场训练，而这场训练只对一些受邀媒体开放。我就想，为什么不索性将训练向所有球迷开放，将球队的训练日进行全面升级，打造成一个万千球迷与球队互动交流的大聚会呢？我们把这个想法提报给美国NBA总部，总部觉得很好，表示非常支持，于是 NBA 球迷日就诞生了。

NBA 球迷日是在 NBA 中国赛正赛前一天举行的大型球迷互动活动。活动在一个按照 NBA 正赛标准进行高规格包装和打造的场馆内举行，2 支参加 NBA 中国赛的球队全员参加，活动的门票通过 NBA 官方渠道以及中国赛各个赞助商的推广渠道向广大球迷免费发放。NBA 球迷日的活动内容包括 2 支球队的公开训练，NBA 啦啦队、吉祥物的多轮表演和互动，NBA 球星与现场球迷的多个互动环节，以及邀请现场球迷参与的趣味篮球竞赛等。由于 NBA 球迷日在中国的大获成功，NBA 总部决定在以后的中国赛期间都举办这个活动，并要求全球其他地方的 NBA 海外季前赛也都尽可能举办这项活动。

在 NBA 球迷日的策划中，我使用了 2 次反客为主的技巧：一是将球队训练这个 NBA 中国赛的附属活动变成了主要活动；二是将球迷这个群体，由 NBA 中国赛的观众变成了球迷日的主人。

第五招：七十二变

赛事创意策划中还有一个几乎包罗万象的大招，我叫它七十二变，也就是在比赛项目的赛制和玩法上不断创新。

以 1 对 1 斗牛为比赛形式的路人王是一项始于 2016 年的年轻赛事，在短短 4 年内，它已成长为国内热度第一的篮球 1 对 1 赛事品牌，这个成就离不开赛事方在赛事体系上的不断创新。目前，路人王赛事分为常规赛事体系与创新赛事体系两部分。从一开始的城市赛、月度锦标赛、年度总决赛等常规赛事，到后来的校园奔袭赛、新星突围赛以及海外赛等创新赛事，路人王赛事方一直十分重视整个赛事体系的延伸和打造。

他们根据不同的目标人群和场景，有针对性地设计不同的赛事产品。主要的城市赛场地以室内球馆为主，目标人群是深度篮球爱好者和球迷；新星突围赛在为更多人提供参赛机会的同时，场地大多选择在大型商场附近，以此辐射更多非篮球迷人群；校园奔袭赛则是为学生群体那股独一无二的运动热情而专门推出的。

截至 2020 年，路人王总共举办了 1 000 场比赛，注册球员近 13 万名。即便是在 2020 年新型冠状病毒感染疫情期间，路人王也举办了近 130 场线下赛事（还包括 2 场海外赛），吸引了超过 26 万名篮球爱好者报名，赛事的吸引力可见一斑。

七十二变这招，在高尔夫赛事领域用得也非常多。大家可能较常看到的高尔夫赛事是比杆赛，比赛中每位球员都要打 18 个洞，看谁总杆数少。比杆赛比赛节奏慢，时间长，胜负结果出来得也慢，越来越适应不了年轻人快节奏比赛和观赛的需求，于是历史更悠久的比洞赛在很多地方又重新受到了欢迎。

比洞赛与比杆赛的赛制完全不同，在比洞赛的赛制下，参赛选手 2 人一组或分成 2 队，进行 1 对 1 对抗，在每一洞杆数少的一方赢得这个洞，最后根据每组选手赢得的球洞数决定最终名次。

这样的赛制，让每一洞的角逐都成为一个小比赛，每个洞都有了输赢的悬念和胜负结果。这样的赛制下，比赛的时长更灵活，参赛的门槛也降低了。比赛按洞分为多个短小的片段，也更适合以短视频这类年轻人喜爱的观看方式来传播。

制作一份专业的赛事策划方案

赛事策划工作的阶段性重要成果就是要形成一份清晰完整的赛事策划方案。

赛事策划方案是你的策划思路和逻辑的完整梳理和清晰呈现，对内，它是你向老板申请赛事项目立项和预算支持的必备文件；对外，它则是向甲方提案竞标或进一步形成赛事赞助销售方案的基础。

一份专业、完整的赛事策划方案，应该包括以下主要内容：

1. 办赛目标。
2. 目标人群。
3. 环境分析和趋势分析（如果是策划公司自有的赛事品牌的话，还应该包括公司资源分析）。
4. 赛事描述。
5. 赛事推广思路和策略。
6. 赛事的成本估算。
7. 赛事的收入估算。
8. 如果是为甲方客户制作的赛事策划提案，还应包括赛事组织机构设置以及赛事项目推进时间表。

办赛目标

赛事策划方案的开篇部分就是办赛目标。

我们在前文中已经详细论述过，一项赛事是有很多利益相关方的，你需要想清楚每个利益相关方的办赛目标，在赛事策划中要注意平衡和满足不同利益相关方的诉求，但最重要、最优先的一定是要满足参赛者的需求。

目标人群

赛事策划方案的第二部分是要清晰地描述出赛事的目标人群。

方案中要区分出赛事的主要人群和次要人群，对每个目标人群都要做出精准的画像，然后还要写明经过你的调研，发现的目标人群在赛事方面的需求，特别是那些尚未被其他赛事充分满足的强需求。

环境分析和趋势分析

这部分要阐述你对赛事所处的环境和趋势的分析，并阐述你通过分析得出的结论。这个结论要与后面的赛事策划概念和策划重点相一致。

如果你是为你所在的公司策划品牌赛事，那么你还需要归纳出你对公司资源的分析，包括团队资源、资金资源、政府资源、赛事资源、行业资源等，梳理出你们公司有哪些资源优势。方案中的具体赛事策划如果能够充分结合你所在公司的优势资源，赛事获得成功的概率就会更大。

赛事描述

赛事描述是整个赛事策划方案的重头戏，这部分可以通过 3 个板块来阐述：

- 赛事特色：这部分要写清楚赛事的策划亮点，以及这样策划能给赛事带来的独特价值。
- 赛事核心：这部分要清晰描述你策划的竞赛方法，以及这个竞赛方法能够带给参赛者的核心竞赛体验。
- 赛事外延：这部分可以列出围绕赛事核心举办的周边活动，以及给参赛者提供的配套服务、增值服务等，强调这些元素能丰富目标人群的参赛体验，形成赛事特色。

赛事推广思路和策略

在赛事推广部分，首先要基于赛事特色，提炼出赛事的宣传推广应该重点抓住哪些点。

其次，基于这些点，分析赛事推广适合做成什么样的推广内容：是长图文，还是短视频；是官方发布的新闻稿，还是便于在社交媒体上传播的热点和话题；比赛是更适合直播，还是更适合赛后做成精华短视频来传播。

最后，在决定了推广内容的形式之后，还要选择最适合的推广渠道和平台：是传统媒体还是新媒体，是微信、今日头条还是抖音、快手。

赛事的成本估算

在估算赛事的成本时，你需要将赛事中所有比较大的成本项都列出来，比如场地费用、搭建费用、宣传费用等，然后逐项估算出大致金额，才能看出各项费用在总成本中的占比是否合理，以及总成本是否是公司可以负担的。

同时，你还要分清哪些成本项是公司的内部资源，比如公司员工、公司设备，这些可以不列入项目成本；哪些是外部资源，这些则需要计入成本。

如果是计划多次办赛，比如每季度一次或者每年一次，则可以写明单场赛事的成本随办赛次数的增加是否有所降低，以及降低的幅度，这样也有利于公司管理层做决策。

赛事的收入估算

在估算赛事收入时，你需要将赛事主要的收入来源逐一列明，比如报名收入、赞助收入、政府补贴等，然后估算出每项来源的预计收入，并说明这样计算的原因和依据。

关于赛事预算（成本预算和收入预算）的制作，我在后面会用一章的篇幅进行详细讲解。

赛事组织机构设置和赛事项目推进时间表

如果你的赛事策划方案是为甲方客户做的提案，那方案中还应该包括赛事组织机构的设置以及赛事项目推进的时间计划表。

赛事组织机构的设置，是为了让甲方客户了解他们公司与你的公司在这个项目上的具体分工与职责，好让甲方据此来评估和安排他们的内部资源。

赛事项目推进的时间计划表是为了让甲方客户了解他们在这个赛事项目推进过程中需要开展的每项工作的具体时间点，便于甲方和你在同一个时间表下携手推进这个赛事项目。

邱老师开小灶

从产品思维的角度来看，策划赛事的流程其实非常类似一个新产品的开发决策流程（如图 3-6）。它们都是先从天马行空的创意开始，然后依据我前面讲的要点和步骤，对多个创意进行筛选，留下最合适的创意进行进一步的概念优化。这个阶段最好能在目标人群中进行一轮小范围的赛事概念喜爱度测试，看看他们是否喜欢这个创意方向。

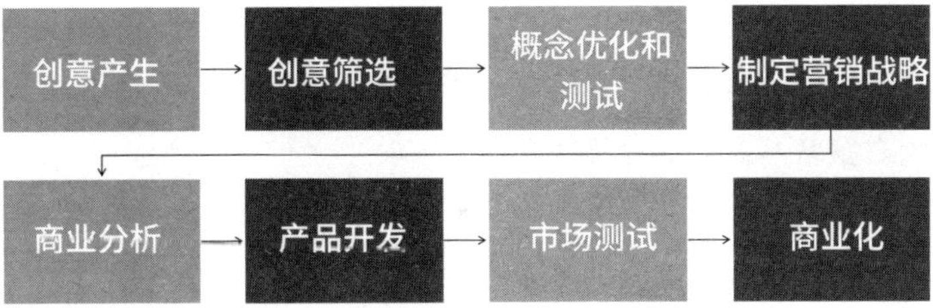

图 3-6　新产品的开发决策过程

做完这些，赛事的亮点和特点就都应该分析出来了，接下来就是围绕亮点和特点，制定赛事的营销战略，并进行商业分析，估算在这个创意方案下，赛事的大致成本和各项可能的收入，从商业角度判断这个赛事产品是否可行。

如果赛事产品可行，下一步就是制定赛事详细方案和预算、准备赛事所需的各项资源，即产品开发阶段。首场赛事可以作为测试赛，先在一个相对小的人群范围内、以相对有限的规模举行。这样做的好处有：可以锻炼赛事团队，发现赛事中隐藏的问题并及时优化；可以形成赛事的最初一批种子用户，通过他们在更大范围的目标人群中的传播，形成赛事的好口碑，最后再将赛事正式推出就顺理成章、水到渠成了。

赛事策划这一章非常重要，讲的内容也很多，怎么才能让自己在实际策划和设计赛事的时候，能够遵循本书介绍的方法，而且不漏掉重要的步骤呢？下面这张“CYS 赛事产品设计画布”（如图 3-7）就能派上用场了，只要把它放在手边，把里面的各部分内容依次想清楚、写下来，你的赛事策划方案就八九不离十了。

<table>
<tr><td colspan="5">赛事发展愿景：你希望你的赛事产品达到什么目标？</td></tr>
<tr><td>目标客户
你的服务对象是谁？</td><td>客户需求
你的服务对象内心的真实需求是什么？</td><td>关键竞争产品
市场上已经有哪些赛事、活动或者服务可能满足目标客户的需求？</td><td>独特价值
你的赛事在满足客户需求方面有什么独特的价值？</td><td rowspan="3">关键资源
为了举办这个赛事，你需要哪些关键资源？

推广渠道
你的赛事需要通过哪些渠道进行推广？</td></tr>
<tr><td colspan="4">解决方案</td></tr>
<tr><td>参赛 / 观赛群体
谁是赛事的参与者、观看者？</td><td>运动项目
你的赛事选择哪个运动项目，或是多个运动项目的组合？</td><td>竞赛方法
比赛的报名资格和赛制如何设计？</td><td>赛事配套服务
你会为赛事参与者提供哪些配套服务？</td></tr>
<tr><td colspan="2">成本结构
运营这样的赛事需要哪些成本项目？</td><td colspan="3">收入来源
你的赛事能从哪些渠道获得哪些收入？</td></tr>
</table>

设计者：崔英善

图 3-7　CYS 赛事产品设计画布

第 4 章

预算，
兵马未动，粮草先行

在日常生活中，我们可能经常需要为一些比较大的支出制定预算，比如在出国旅游时要制定预算，在买房买车时要制定预算。制定预算的主要目的，就是让我们清楚我们手头为了这件事情准备了多少资金，以及这些资金的具体使用方向。有了预算，你才能根据它来订出国旅游的机票、酒店，来选择买车的品牌和配置、来决定买房子的大小和位置，否则你是没办法做出决策的。谁都想住最奢华的酒店、买最好的车子、住最大的房子，但是手头的预算是否允许呢？所以，制定预算的最终目的，是帮助你在每件事情上，做出符合你能力、实现资源最大化利用率的最佳决策。

制定赛事预算也是基于这个道理。我们为赛事制定预算，就是因为预算是赛事项目决策中非常重要的一环。

在管理比较到位的公司里，每个新的赛事项目都需要立项，也就是由公司决策层来审查和决定这个赛事项目是否应该去做。在赛事立项之前，公司都会对其开展相应的评估程序，项目预算则肯定是立项申报文件中必须具备的要素，它也是决策层判断和决策项目的重要考量因素和依据。

有了详细而准确的预算，公司就可以判断并决策：

- 这个项目值不值得做？管理层从预算中能看到公司需要为这个项目投入多少钱，预计收入多少钱。
- 这个项目的创意是否能实现？
- 成本预算过高的创意是需要认真审视和谨慎评估的。
- 这个项目是否符合公司的业务和战略目标？

公司可以从预算里的成本和盈亏数字，判断这个项目是否可以帮助公司达成业务和战略目标。

同时，预算还是赛事项目管理的重要组成部分。

在制定预算的过程中，要仔细思考赛事项目的所有执行细节和资源需求，这能帮助你完整理解整个赛事的成本构成和逐项成本，帮你从头到尾把控赛事的全局。比如东京奥运会的延期。2020 年初新型冠状病毒感染疫情在全球范围内蔓延时，东京奥组委肯定曾面临取消奥运还是延期奥运的重大决策，这时候，取消情况下的预算和延期情况下的预算对于最终的决策就十分重要，他们一定是充分评估和比较了两个方案的预算，两害相权取其轻之后才做出了延期的决定。

还有非常重要的一点，预算是项目管理经验的重要沉淀。

我们知道，绝大多数赛事都不是一次性的，它或者是一年一次或一年多次地重复举行，或者是在不同的地点巡回举办。那么你第一场赛事的预算，特别是在比赛结束后补充的各个预算条目的实际花销和实际收入的决算数字，绝对是你制定下一场比赛预算的最佳参考，而且是你赛事管理经验的绝佳沉淀。坚持预算管理的习惯，会让你的赛事管理能力随着一场一场赛事的举办得到不断的积累和提升。

所以，预算是决策的依据、管理的抓手、经验的沉淀，预算在赛事项目管理中起着至关重要的作用。

赛事预算的 3 个组成部分

一份完整的赛事预算，应该包括成本预算、收入预算、赛事利润这 3 个组成部分：

1. 成本预算，也就是这项赛事中所有成本项目的逐项集合。
2. 收入预算，也就是赛事中所有收入项目的逐项集合。
3. 赛事利润，也就是用收入预算减去成本预算，这样计算出来的是这项赛事的毛利润。

成本预算里都有什么

我罗列出了大多数赛事中都会产生的主要的成本种类（如图 4-1）。接下来我会逐项讲解每个成本种类具体指的是哪些成本费用。

场地和设施费用。办任何赛事都需要使用场地。场地相关的租金，以及为了使比赛顺利举行而对场地进行的必要改造和升级的费用都应该属于场地和设施费用，比如 NBA 中国赛的进口篮球专用地板、田径赛事的计时计分系统等。另外，在场地方面，安保人员和安检设施、保洁人员和保洁物资、场地租用期间产生的水电空调费用，都要归入此项费用。

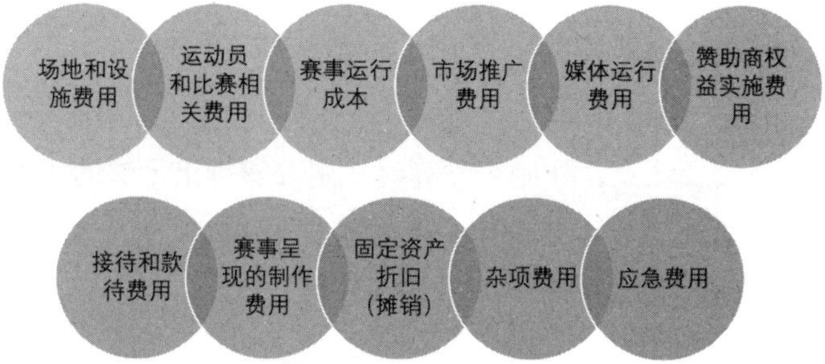

图 4-1　成本预算种类

设施指的是赛事所必需的特定硬件，比如篮球比赛的篮球架和篮球地板、足球比赛的草坪和球门、田径比赛的计时系统。新冠疫情期间，疫情防控所需的与防疫措施和防疫设施相关的所有费用，也应该计入此项费用。

运动员相关费用和保证比赛顺利举行的相关费用。与运动员相关的办赛成本包括：比赛的奖金、明星运动员的出场费、运动员参赛所需差旅费用、比赛期间给运动员提供的餐饮和后勤服务成本等。如果是参与型大众赛事，比如马拉松，此项费用就是每个选手的参赛包和沿途补给所需的费用。

此项费用中还必须包含给所有参赛运动员投保的比赛期间的人身保险费用。另外，比赛官员、随行教练的相关费用都要计入此项费用。

特别要注意，在制定预算时一定要安排出足够的医疗急救保障措施的费用，千万不要在这方面克扣预算，否则一旦发生人命关天的意外，对赛事的影响会是致命的。

赛事运行成本。赛事运行涉及的费用类型比较多样，既有工作人员以及第三方供应商的人工和服务费用、志愿者相关费用，也有赛事前期考察和筹备会议的费用、赛事现场办公的费用、证件设计制作的费用、运输和仓储费用，还有保险、安保和批文（如果需要）的费用。

在给赛事投保方面，建议除了购买公众责任险外，也一定要购买赛事取消险。越是在不确定性强的大环境下办赛，越是需要赛事取消险来对赛事方进行万全的保障。

市场推广费用。宣传推广对任何赛事都是非常重要的，赛事不能仅仅影响到现场参加赛事的少部分人，更要通过有效的宣传推广影响到更加广泛的人群，这样赛事的价值才能最大化。

市场推广相关的费用类型也非常多。从赛事标识和主视觉的设计到宣传推广物料的设计和制作，从广告制作投放费用到公关宣传费用，类型非常庞杂。这其中的推广活动，也已经从传统的线下推广活动，扩展到了线上的新媒体推广活动。

如果你举办的是成千上万人参与的参与型大众赛事，要服务好这么多参赛者，专职客服的费用也是必不可少的。

媒体运行费用。我常看到有人把媒体运行与市场推广混为一谈，但是，只要仔细看一下媒体运行费用都包括哪些内容，就应该很清楚它与市场推广的区别了。

媒体运行费用包含以下项目的相关费用：新闻发布会、现场采访媒体的管理和接待、赛事新闻中心、媒体指南（用来帮助媒体深入了解赛事并列明赛事方给媒体提供的一系列服务的材料）、官方摄影师、摄像师，有些细心的赛事方还会专门为媒体准备有纪念意义的礼品。而投入这些成本，都是为了让媒体能够更好地报道和宣传赛事。

还有些赛事会进行现场转播，在这个费用项目下还会有直播信号的制作费用以及赛事在媒体平台的播出费用。

赞助商权益实施费用。这部分的成本预算是很多赛事人在制定赛事预算的时候容易忽略的。

很多人认为赞助商给赛事带来的只是收入，实际上还会带来一系列费用成本。要服务好赞助商，全面落实在赞助合同中对赞助商承诺的赞助权益，赛事方会有很多专门的支出。比如：

- 赞助销售成本。其中既包括拜访客户和招待客户的费用，也包括第三方销售代理的佣金。
- 现场广告物料的设计、制作、搭建费用。
- 赞助商获得的免费门票或参赛名额。很多人都没有将这一项算作成本，但是，如果将这些门票或参赛名额拿出去卖掉，就会成为你的收入，而现在作为赞助权益的一部分给了赞助商，所以它理应成为你的成本。

- 赞助商现场款待的成本。比如赞助商专属包厢、包厢内的餐饮、贵宾礼品、礼宾服务等。
- 为赞助商定制的权益或活动的成本。现在的赞助商越来越看重赛事中给他们定制的活动或权益了，因为这种形式的宣传和推广效果是更好的。
- 赞助商礼品和赛后答谢需要的费用。

接待和款待费用。赞助商权益实施费用中提到了对赞助商的现场款待，但此处的接待和款待费用指的是为所有贵宾以及购买了款待套餐的普通消费者提供的接待和款待等一系列服务，包括请柬、门票、参赛名额、交通安排、住宿、用餐、礼品等。赛事现场如果有款待专区的话，还要有款待专区的搭建费用、礼仪人员费用以及指引贵宾到款待专区的指示系统的建立费用。

赛事呈现的制作费用。很多人可能不太理解什么是赛事呈现，这个词的英文叫 game presentation，国内也有人将它翻译为体育展示。举个例子，NBA 的比赛除了场上 2 支球队的较量，还有现场的大屏视频、背景音乐播放、主持人串词、啦啦队表演、吉祥物互动等，这些围绕比赛设计的、为了让观赛和参赛体验更好的表演、互动、声光电特效等，都叫赛事呈现。

赛事呈现的制作费用的主要成本项目一般包括：

- 舞台、大屏。
- 定制视频。
- 灯光、音响、特效制作。
- 主持人、打碟师、表演人员、现场导演。
- 表演的服装、道具等。

固定资产折旧。这项成本并不是每场比赛都一定会有的，这是特指比赛中能使用多年或者多次的持久性装备或者制作物。比如前文提到过，我在 NBA 的时候，曾经组织过一项叫作 NBA 篮球大篷车的全国巡回赛事，赛事的核心场地和设施是由一台专门定制的集装箱货车展开形成的。这台车造价不菲，我们不仅每年在几十场赛事活动中使用它，而且使用了 5 ～ 6 年，那这辆定制货车的采购成本，就不能全算在第一场赛事中，而是要分摊在 5 ～ 6 年的几百场赛事活动中。

固定资产折旧项目通常包括比赛专业设备、定制车辆、大型舞台、灯光、音响、大屏等，前提是这些可以长期使用的硬件不是租赁的，而是购买的。

固定资产折旧费用的计算公式是：采购成本 ÷ 使用年限或使用场次。

杂项费用。杂项费用也叫杂费。杂费并不是不重要的费用，而是无法归入以上几个大类的、比较单纯简单的单项费用，比如你的公司员工为了筹备或执行赛事而发生的交通、差旅、食宿等费用。

应急费用。把应急费用放在最后讨论，并不是因为它不重要，相反，它非常重要，但我相信，在中国可能有 90% 的赛事在制定整体预算时都没有计入这项费用。

和杂费不同，应急费用是为应对赛事筹备和举办过程中可能发生的突发情况而准备的，也叫不可预见费用（contingency cost）。

应急费用通常应为赛事总成本预算的 10% 左右。对于总成本预算较低的赛事，可以将这项费用设为总成本预算的

15%，对于总成本预算较高的赛事，该项费用也不应低于总成本预算的 5%。对于新赛事而言，第一届赛事的预算中，应设置较高的应急费用。随着赛事的多次举办，赛事方办赛经验逐渐丰富，应急费用占总成本的百分比可以逐年下调，但最低不应低于 5%。

赛事的收入预算应该包括哪些项目

除了广为人知的门票和赞助收入，一场比赛其实还有很多其他的收入渠道，比如商品销售收入、授权收入、补贴收入等（如图 4-2）。你在制定预算和筹划赛事的时候，需要一一去考虑这些多样的收入渠道。

图 4-2 赛事的收入预算项目

门票收入。门票收入可能是体育赛事最古老和最传统的收入了，到现在也仍然是观赏型赛事最重要的收入来源之一。

如何计算门票收入呢？首先要盘点赛事举办场地中一共有多少个可以使用的座位。这方面你需要考虑的主要影响因素有：

- 赛事举办的场地内的观众座位数量和包厢数量是多少？
- 不同位置区域的座位是否可以定不同的票价？
- 赛事是单场比赛、单日比赛还是多日多场次比赛？
- 为了满足安保要求而必须留出哪些特定区域的安保座位？
- 医疗急救人员现场执勤所需的座位和点位在哪？
- 需要对比赛情况进行直播时，转播比赛的摄像机机位需要占用的以及遮挡的观众座位。

盘点完比赛现场一共有多少个可以使用的座位后，接下来还得判断和计算在所有这些座位里面，哪些是可以通过售卖形成收入的。因为任何赛事都不得不拿出一部分门票，来满足一些特定而又必要的需求，这部分拿出去的门票是无法给赛事带来收入的。

免费门票的主要去向包括：参赛的队伍和选手，赛事方的上级单位及合作单位，与赛事有宣传合作的主要媒体，特别邀请的政府机构、社会团体或明星嘉宾等。

在仔细计算和刨除这些无法投入销售、无法产生收入的门票后，剩下的才是通过公开零售、赞助计划、款待套餐、旅游套餐、公益套餐等方式可以为赛事带来收入的门票。

报名费收入。前文提及的门票收入主要发生在观赏型赛事中，而对于参与型赛事，报名费就成了赛事的重要收入来源之一。

与门票收入一样，你在计算报名费收入的时候，也需要刨除赞助商名额、慈善名额、推广名额等“非可售”名额，才能计算出比较准确的报名费收入预算。

赞助收入和广告收入。相信大家对赞助收入都不陌生，它和门票收入是人们最熟知的 2 个赛事收入来源。

在制定赞助收入预算时，你需要先想清楚赛事的赞助级别设置，每个级别的赞助价格，以及每个级别的赞助商数量。

比较成熟的、有一定规模的赛事，通常都会设置冠名赞助商（有的还会有呈现赞助商）、官方赞助商和官方供应商这样 3 ～ 4 个赞助层级。建议你在做赛事赞助收入预算的时候，将每个赞助级别都单独列出来，然后给出每个级别的赞助收入预算，这样会更有利于随后的赞助销售管理。

关于赞助收入预算，有一点要特别强调，**凡是以实物方式提供的赞助，如果厂商赞助的物资或服务不是你的赛事必需的，则不能计入赛事收入。**

比如，有厂商以实物的形式赞助了瓶装饮用水，饮用水几乎是所有赛事必须用到的物资，那就可以将赞助的实物折成现金计入赞助收入；但如果有厂商赞助了冰激凌，虽然你给参赛者每人发一个冰激凌，大家可能都挺高兴，但冰激凌并不是你的赛事所必需的物资，因此它不能计入赞助收入，换句话说，它其实并不能冲抵相应的成本预算，因为赛事的成本预算里根本没有冰激凌这一项。

所以大家一定要牢记，只有赞助商提供了赛事所必需的物资或服务，才可将其计入收入预算。同时还有一点必须记住：**计入收入的实物赞助金额，不得超过成本预算中相对应的物资或服务的金额，要不然就等于虚增了赛事的收入和利润。**

除了赞助收入以外，有的赛事还会把赛事的官网、赛事的 App 中的广告位，或者赛事转播中的广告点位，单独拿出来以广告的形式售卖，提供给赛事赞助商以外的有兴趣的厂商企业购买和使用，这部分的收入就叫作广告收入。

赛事商品销售收入以及现场摊位和餐饮收入。众所周知，与赛事相关的商品，肯定是在比赛现场卖得最好，因为参加比赛的观众在比赛现场热烈的氛围中，最容易产生购买带有比赛主题或比赛元素的商品的冲动。

另外，现场往往会因比赛的举行而吸引、聚集大量人群，人群在比赛当中会需要吃喝玩乐，这就给比赛现场的摊位带来了价值，有经验的赛事方会通过出租比赛现场的摊位，或在比赛现场售卖餐饮，来获取额外的收入。

我们一般将赛事商品销售、现场摊位和餐饮收入及门票收入一起统称为比赛日收入，因为这些都是由比赛现场带来的收入。当然，随着电商的快速发展和普及，赛事商品的销售已经越来越不局限在比赛日的现场了。

赛事版权销售收入。在大约 15 年前，还是传统媒体一统天下的时代，能够拥有版权收入的赛事大多是观众众多、竞技性和观赏性都很强的大赛，但随着新媒体、自媒体时代的来临，现在很多中小型赛事也都有了开发版权销售收入的机会。

前文已经提及，在当今这个内容为王的时代，体育赛事最大的价值之一就在于产出优质的内容。从这个角度看，大型的品牌赛事[1]可以享有电视版权收入，一些有特色、有当地影响力的本地赛事则可以实现广播版权的收入。另外，通过自媒体直播和流媒体等线上平台，大量中小型赛事也实现了广泛的传播。同时，由赛事的精华集锦和精彩瞬间剪辑而成的短视频，也正在成为赛事方另一个可能的变现渠道。

科技的发展使得我们通过开发赛事内容而获得收入的方

1　此处指具有一定影响力的体育赛事，比如世界杯、奥运会等。——编者注式也变得多种多样。

1. 在与电视媒体赞助商进行谈判时，我们可以用赛事免费直播权来置换电视台的广告时段，再通过销售这些广告时段来取得收入。

2. 即使我们暂时还无法直接从媒体那里获得赛事版权销售收入，但我们可以通过媒体的转播和传播，来增加赛事中赞助商的展示时长和提升宣传效果，从而提升赛事的赞助销售价格。

3. 在网络流媒体直播平台上，赛事方甚至可以通过向收看赛事直播的每个用户直接收费来获取收入。

以上这些方法，都可能让你的赛事获得版权销售收入，或是由赛事内容带来其他收入，并在赛事的收入预算中体现出来。

授权收入。授权收入也叫特许收入，是国内很多赛事方意想不到的一种收入。

赛事方可以通过将好的品牌赛事授权给多个不同地区的承办方，许可并指导各个承办方在当地举办该赛事，从而从承办方处取得赛事授权收入。

比如，斯巴达勇士赛现在已经在中国的多个城市落地。在其中一些城市，斯巴达勇士赛的品牌方就是用授权的方式与当地的赛事公司合作，并向当地赛事公司收取授权费。同时，作为交易的一部分，品牌方通常会将该站赛事的报名收入及一部分的赞助和销售收入留给承办方。

政府补贴。实际上，无论中外，来自当地政府或场地方的补贴是很多赛事的重要收入来源之一。

比如，有些城市希望引进和落地某些知名的品牌赛事，意图通过这些赛事来扩大城市影响力、展示城市风貌、吸引旅游人群。知名的品牌赛事如果落地该城市，通常会拿到政府提供的数额不菲的补贴。

一些地方政府，为了当地经济的发展、人民生活品质的提升，在当地提倡和鼓励发展某些运动项目的赛事，通常他们对这些赛事会提供相应的补贴。如果你在某地举办的赛事属于当地政府鼓励发展的类型，就可以在赛后向当地政府申请专项补贴。

另外，还有一些旅游地或特色景区出于吸引外地游客、扩大旅游宣传的目的，也会鼓励某种类型的赛事落地。为了引进这类赛事，承办地也会给赛事方提供多种类型的补贴支持。

至此，我已经详细讲解了赛事的成本预算和收入预算的具体构成，相信大家对赛事预算已经有了比较完整的认识。

赛事预算数据的 3 个主要来源

看到这里，大家可能会对一个问题充满了好奇，那就是：在制定赛事预算时，每个项目的具体预算数字是怎么来的呢？是算出来的？是拍脑袋猜的？还是从什么地方抄的？

实际上，赛事预算的数据有以下 3 个主要来源。

第一个来源是同一项目的历史预算和决算文件，或者其他类似项目的预算文件。如果你要制定预算的这个赛事已经不是第一次举办了，那么之前几届赛事的预算和决算数字就有很好的参考价值。如果你的赛事是第一次举办，那也可以找找公司之前做过的类似的赛事或活动的预算来做参考。要尽量找那些和你的赛事场地相似、规模相近、玩法也类似的赛事，但在参考的时候一定要特别注意它和你的赛事的不同之处，比如对裁判和志愿者的人数要求不同或者比赛计时的难度不同等，在这些重要的不同点上，就不能再参考类似的赛事了。

第二个来源是去查找各个成本预算项目的市场价格。很多成本预算项目对应的物料或者服务都有比较公开的市场价格，如果你善于使用互联网，其实是可以查到很多预算项目的大致价格的。

第三个来源是通过互联网找到赛事所需的第三方商家或供应商，向他们初步询价。比如场地搭建商、公关公司、物料制作商、物流运输公司、专业计时公司等，用他们的报价来给你的预算做参考；或者通过招标的方式，获取多家潜在供应商的详细报价，经过交叉比较后，就可以形成一个非常准确的预算。

以上 3 个也是我自己在制定赛事预算的时候常用的方法，亲测非常好用，大家不妨一试。

制定赛事预算的 2 种方法

拿到了制定赛事预算所需的数据之后，我们如何开始制定预算呢？

常用的预算制定方法有 2 种。

一种是从成本计算开始，先一项项算出赛事的总成本，再根据公司要求的利润率，倒推出收入目标，从而制定出收入预算。这种方式比较适合用于制定自有赛事的预算，因为自有赛事往往有比较具体的赛事策划、赛事内容和呈现方式，这些都是基于公司的长期战略而确定的，不会轻易更改，所以成本预算是比较刚性的，适合采取基于成本预算倒推出收入目标的预算制定方法。

另一种预算制定方法是从收入预估开始，根据公司要求的利润，倒推出成本上限。这个方法更适合为客户定制的赛事，因为客户的预算通常是固定的，在这个赛事上就只能提供这么多预算。为了保证公司获得正常的经营利润，我们就只能通过收入倒推出成本预算的上限，在这个上限以内为客户设计出符合客户要求的赛事，这时候就特别考验赛事操盘手的创意能力、打造优质体验的能力，以及和客户沟通的能力了。

这里特别要强调一点细节，大家制定预算时一定要用 Excel 软件，千万不要用 Word 软件中的表格功能。因为预算在编制的过程中肯定要经过大量的、反复的修改和调整，Excel 软件里面每行、每列的内容都可以嵌入计算公式，你在调整预算的时候，改动其中一格的数字，其他的相关数据就都自动更改了，一方面省却很多人工方面的计算工作，另一方面也不容易算错。如果用 Word 软件的表格功能做预算，一旦需要修改表格内容，就非常容易出现漏改或算出错的情况。

预算是个活文档，需要不断重审和更新

我要告诉大家，制定好的预算，肯定会经过大量的、反复的修改，这很正常，不要觉得很崩溃或不可接受。实际上，赛事预算都是活文档，从它在赛事的计划阶段被制定出来，就注定了需要不断被重审和更新。这个过程从预算制定之日起，一直到赛事全部结束后，贯穿赛事始终。

组织过赛事的人都明白，无论是在赛事的筹备阶段还是执行阶段，由于各种主客观原因，或是环境、政策、资源、需求等内外部条件的不断变化，对预算进行多次调整和更新是必然的。

即使赛事结束后，预算制定中也还有一个非常重要的步骤，就是根据这场赛事实际发生的所有费用和收入，在赛事预算表的基础上准确地做出赛后决算。决算这个工作步骤非常重要，它不仅能检验预算的准确性、修正预算中的所有偏差，而且对下一场类似赛事的预算制定会起到极大的借鉴作用。综上所述，我在这里给大家提供一个合格的赛事预算表模板（如表 4-2）。

财务编号	预算条目	预算	费用预测	实际发生费用	偏差	备注

表 4-2　赛事预算表模板

不管你的预算有多少行，每行预算都应该有一个财务编号，这对于各项费用和收入的准确入账至关重要，因为你在申请付款或报销费用的时候，公司的财务不可能了解赛事的每个预算条目都是什么，他们只认可你提交的财务编号并依此入账。

然后就是预算条目，要在此处说明这一条预算包含哪些内容。预算这一列指的是赛事立项的时候，公司管理层批准的预算数字。

费用预测指的是在赛事项目推进的过程中，当发生预算更新的时候，你需要填进去的更新后的数字。

实际发生费用指的是赛后决算时这个条目实际发生的费用。

偏差指的是实际发生费用与预算费用的差值，用于说明这个条目的预算和决算金额是否有差别，如果有，差别有多大。

备注栏通常用来补充说明该条目费用的细节，或说明预算变化的原因。

预算分析的 3 个维度

在本章的最后，我们来探讨应该对预算进行哪些维度的分析，了解预算能在哪些方面助力我们对赛事的管理和决策。

财务分析

从财务分析角度看，预算能帮助我们对赛事进行细致的财务分析，通过财务分析不仅能判断赛事项目的盈亏，还能验视赛事是否达到盈利目标，成本控制是否到位，收入是否达到预期。

另外就是进行偏差分析。前文提到，偏差就是赛事的预算费用的数字减去实际发生费用的数字。对偏差较大的预算条目进行深入分析，我们可以找出偏差背后的深层原因，此后对此加以改进，会显著提高赛事的管理效能和盈利能力。

项目优化分析

预算还能有效地帮助我们进行赛事项目优化分析，甄别出赛事项目中哪些是大的、主要的成本项和收入项。通过对它们的深入研究，我们能够有针对性地找到进一步优化赛事成本、提升赛事收入的方法。

投入产出比（Return OnInvestment，ROI）分析

我们还可以对预算进行投入产出比分析，来发现哪些成

本项的投入对收入产生了重要的直接或间接的拉动作用，哪些成本项的投入没有产生明显的作用或没有达到预期的效果。这样我们在未来的赛事中，就可以追加对收入有显著促进作用的投入，减少或停止没有明显效果的投入。

邱老师开小灶

预算不仅是对赛事进行财务管理的重要方法和工具，更是分析赛事、提升赛事的重要抓手。

希望大家能够从这一章中，不仅学到如何制定赛事预算，而且学会如何利用预算来更好地管理你的赛事，提升赛事的品质，让预算这个工具和技能发挥最大的作用！

这里给大家提供一份我自己制作的“赛事预算表参考模板”（见本书附录），参考这个模板的结构、内容和条目来制作你自己的赛事预算，会让你有一个较高的起点，也便于厘清制作预算时的逻辑和思路。

预算是个活文档，在我做的模板上大胆编辑、修改吧，这样才能让它成为最适合你的赛事的预算文件。

第 5 章

推广，给你的赛事插上翅膀

在本书开头，我们讨论衡量好赛事的 4 个重要维度时指出，品牌就是其中的一个维度，可见品牌之于赛事的重要性。一项好的赛事，要能够随着时间和场次的不断积累，在目标人群中形成自己鲜明的品牌认知和品牌价值。也就是说，好赛事都需要打造自己的品牌。

按照现代营销学之父菲利普 · 科特勒在《市场营销》（*Marketing*）一书中对品牌的定义，品牌是销售者向购买者长期提供的一组特定的特点、利益和服务。

科特勒认为，品牌是给拥有者带来溢价、产生增值的一种无形的资产，它的载体是用于和其他竞争者的产品或服务相区分的名称、术语、象征、符号或者设计及其组合，而增值的源泉则来自消费者心智中形成的关于其载体的印象。

在赛事领域，我们将其翻译成容易理解的语言就是：**赛**

事品牌可以给赛事带来溢价、产生增值。

赛事品牌的载体就是赛事的名称、口号、标志、视觉设计以及它们的组合（赛事海报、赛事宣传片等），这些载体在消费者心智中形成的长期印象和美好联想，就是品牌给赛事带来增值的原因。

要知道，赛事的持续增值对于让赛事形成健康的商业循环、保证赛事的长期发展是非常重要的。持续增值会给赛事带来更多的收入，而更多的收入又让赛事方有能力投入更多资金，来进一步提高赛事品质、扩大赛事数量，从而给赛事带来更大的增值，形成一个良性的循环。

在赛事品牌的载体方面，上海穹景体育创办的千岛湖马拉松赛事湖乱跑是个很好的案例。这个比赛的特点不仅是比赛场地位于千岛湖边的美丽赛道，而且是它倡导的“不以竞速为目的、重在享受比赛过程”的个性十足的比赛精神。赛事的名称“湖乱跑”完美地反映了比赛的调性——既有“湖”字来说明赛道的特点（在千岛湖边），又利用谐音“胡乱跑”来说明比赛的精神。赛事标志的设计也强调了随意感和舒适感，而不是竞赛感。

赛事方在宣传文案中写道：“按舒服的节奏生活，依当下的心情跑步，率性喊出‘在最美的地方，跑出最自由的姿态’的口号。”2021 年湖乱跑比赛的主题是“竞速我不灵，乱跑第一名”，赛事海报的文案也是“身体在线，心不在焉，哼着小曲慢慢颠”“收起赶路的小碎步，扮演散心的小动物”这类与赛事精神和比赛口号具备一致风格的内容。

虽然比赛的主题每年一变，但要宣传的精神始终不变。经过数年精心的持续打造，湖乱跑赛事使全国爱好跑步、强调个性的年轻人群体对其建立起了强烈的好感和深入的认知，真正成为小而美的品牌赛事。赛事的粉丝群体越来越大，而且非常稳固。

像湖乱跑这样对赛事品牌进行精准的定位和长期的打造、强化，正是赛事增值的重要原因。实际上，赛事的推广工作的核心也应该是品牌打造，即在赛事的目标人群中持续、有效地宣传和强化这些品牌的载体，同时清晰地讲述载体背后的故事、情怀、体验或追求，来达到影响人们心智的目的。

品牌的打造离不开推广

从品牌打造的角度看，好的推广能实现两个非常重要的作用：

1. 讲好品牌故事。

2. 有效覆盖目标人群。

即使像湖乱跑这样有很好的品牌元素和载体的赛事，也需要通过推广来讲出自己的故事。赛事的价值观、使命，以及调性、文化，是很难仅仅通过名称和标志就能完整充分地表达出来的，需要通过推广手段，比如文案、海报、视频等方式，来实现与目标人群沟通中的表达和解释这一环。

此外，同样重要的是，推广将品牌内容和赛事信息通过准确的渠道一波波地送到赛事的目标人群面前，吸引他们的关注、引发他们的共鸣、号召他们的参与、鼓励他们的传播，将赛事的影响力和覆盖面最大化。

需要强调的是，推广不仅对赛事的品牌打造和传播十分重要，还直接决定了赛事的商业价值和变现能力。赛事的品牌故事越强、有效覆盖面越大，赛事的商业价值就越高。

制订一份整体推广计划

和其他主要任务一样，赛事的推广也需要制订一个整体计划，这样才能让推广工作有的放矢，充分而高效地发挥应有的作用。

推广策略

制订推广计划前，首先要确定推广策略，也就是要想清楚以下 4 个问题。

推广的目标是什么？

- 是增加目标人群对赛事的了解和认知，还是要把赛事的影响力和覆盖面最大化？
- 是为了推动赛事的报名，还是为了扩大对赞助商的宣传？
- 是以一个目标为主，还是有好几个同样重要的目标？

只有明确了推广的目标，才能有针对性地制订推广计划，安排人力、预算等资源。

推广的对象是谁？

- 除了赛事的主要目标人群以外，推广是否还需要覆盖和影响更多次要人群，促进他们在未来转化为主要人群？
- 是否需要考虑赛事主要赞助商的消费人群，在他们当中适当增加对赛事的宣传和推广？
- 如果当地政府是赛事的主要出资方，赛事是否需要在政府关注的主流媒体上加强宣传和投放？

有哪些可用的推广资源？

- 赛事方首先要盘点自己拥有哪些媒体资源，比如自己的网站、微信公众号、官方微博、视频号、抖音账号、小红书账号等，并评估这些资源能够形成的推广效果。在推广中一定要尽量充分使用自有媒体资源，因为这些资源成本极低，且能在目标人群中形成相当广的覆盖面。

- 对于非自有媒体资源，需要先梳理出其中哪些资源是可以通过合作或置换（比如给媒体提供一定数量的门票或参赛名额）的方式，以很低的价格甚至免费获得的。
- 最后列出哪些是非常重要、但必须付费才能使用的推广资源，并根据它们的价格制定出相应的投放预算。
- 这里要特别强调的是，任何推广活动都离不开物料支持，所以推广物料的设计和制作能力也是很重要的推广资源。如果公司内部没有专业的设计制作团队，就需要花钱外包。

要达到什么样的推广效果？

- 根据前面确定的推广目标和推广对象来设置需要达到的推广效果。
- 推广效果的设置要尽可能量化、数字化，比如设定具体的推广覆盖人数，推广内容的阅读数、观看数、粉丝的互动评论数等，这样才能在赛事结束后客观地衡量和评估推广策略和推广计划的成功与否，找到问题和不足，为下一场赛事的推广工作积累经验。

要制订一个好的推广计划，除了按照前文所述的内容来确定推广策略，还需要了解在当前极为发达的媒体环境下，赛事推广都有哪些方法。值得介绍的推广方法非常多，我把它们分成了线上推广和线下推广两大部分来逐一分析。

赛事推广的方法

首先，我们来看线上推广的主要平台和方法。

自有媒体平台上的推广

赛事方的自有媒体是非常重要的推广资源，它们的内容和发布频次完全由赛事方自主决定，而且没有渠道成本，应该成为赛事推广的主阵地。

1. **微信公众号（订阅号）。**
   微信公众号的订阅用户是赛事方最忠实的核心粉丝，他们希望在公众号内容里看到最准确、最全面、最及时的赛事相关信息，因此公众号的内容不需要过于追求多样化，应以官方的、实用的赛事信息以及围绕该赛事所属运动项目的有价值内容为主。

鉴于微信公众号的粉丝对赛事的了解度、喜爱度和忠诚度都相当高，以给他们提供定向优惠的方式来开启新一届赛事的报名往往非常有效，这样做既回馈了他们对赛事的长期关注和支持，又可以快速地带动赛事第一波报名的进度。

还可以在微信公众号发布“多人组团报名，可得更大优惠”的消息，鼓励公众号粉丝将赛事消息分享给更多朋友并鼓动朋友们和自己一起组团报名，这样就能利用公众号粉丝的力量将赛事的消息传播得更广，并吸引更多新人来报名参赛。

2. **视频号、小红书、抖音、快手。**

微信公众号的优势在于它和目标人群进行的是点对点沟通，信息的传达比较充分和高效，缺点则是传播范围和覆盖面有限，基本局限于公众号的订阅用户以及他们的朋友圈。要让赛事实现更广泛的传播覆盖，就需要用到各大短视频分享平台了。

视频号、抖音、快手这些平台的内容形式主要都是短视频，虽然每个平台都有自己的流量分配和视频推荐的算法，但只要你的赛事推广视频质量过硬，能够很好地表现出赛事的特点和魅力点，在这些平台上就都能让符合你目标人群画像的人看到。

小红书的优势在于用户精准度高，优质的笔记内容让赛事在目标人群心中“种草”[1]的效果好，同时，它也是短视频的良好传播渠道。

根据我的观察和经验，体育内容的短视频虽然在“带货”方面的表现一般，但在帮助赛事获得更广泛的传播并在更多人心中“种草”方面相当有效。

3. **微博。**

如果要发布赛事的即时信息，比如重要通知、重大变化，那么微博是最快速、最高效的平台。

对于话题性强的赛事，或是有明星参与的赛事，微博仍然是快速扩大赛事信息覆盖人群的利器。虽然在微博平台赛事相关消息覆盖的人群中，赛事的核心目标人群可能占比不大，但微博的话题功能以及强大的转发传播能力能极大地提升赛事的知名度和影响力，而这正是赛事的举办地政府以及赞助商都希望看到的。

---

1 网络流行语，指向他人推荐好货引导他人购买的行为。——编者注

4. **官方网站（PC 端和移动端）。**

不要认为在这个自媒体和流媒体的时代，网站已经没有了价值。赛事的官方网站恰恰发挥着以下无可替代的作用。

权威性：官方网站上的信息总让人觉得是权威和正确的。赛事方的官方网站特别适合发布各类官方信息，比如比赛的时间、地点、赛制、参赛资格、注意事项、报名方式或购票方式（这里还可以通过链接直接跳转到赛事的报名网站或售票网站），以及重要通知。将赛事的官方网站的网址放在所有的赛事宣传物料上，能给有兴趣深入了解赛事的人带来很专业的感觉和很方便的体验。

全面性：由于不像微博、微信、短视频存在篇幅和内容容量上的限制，赛事官方网站可以容纳并展示与赛事有关的所有重要信息。尤其是官方网站上如果有往届赛事的丰富文字信息和图片视频资料，就会让用户对赛事产生更深入的了解和更强烈的信任。

长期性：微信公众号或短视频内容在发布一段时间后就会被其他更新的内容覆盖，除非用户用关键词在平台上进行搜索，否则也许很难关注到与赛事相关的某些内容，而赛事的官方网站则一直在那里，随时随地都可以被登录和查阅。更重要的是，它让你的赛事永远可以被感兴趣的人方便地搜索到，长期来看这是个很大的优势。

赞助商的宣传：由于官方网站内容的丰富性和时间的长期性，所以它特别适合用来给赛事赞助商提供有价值的长期宣传权益。比如可以在网站上的显要位置展示赛事赞助商们的标志和赞助层级，点击标志还可以直接跳转到赞助商自己的官方网站或电商店铺。另外，官方网站上还可以放置赛事给赞助商定制的活动的图文或视频介绍、赞助商领导的专访文章等对赞助商而言非常重要的内容，这些做法都会让赞助商觉得对赛事的赞助很值得。

第三方媒体和平台的使用

利用第三方媒体和平台来助力赛事的传播推广通常是需要付费的。

我们在赛事推广中使用第三方媒体或平台的原因无非有以下 2 点：

1. 它能精准覆盖数量庞大的目标人群，而我们的自有媒体覆盖不到或覆盖面很小。

2. 它在目标人群心目中具有高可信度和强号召力，而我们的赛事还处于品牌打造阶段，需要它的背书。

因此，这也是我们在选择第三方媒体推广伙伴时最重要的 2 个标准。

赛事推广中常用的第三方媒体和平台有以下几类：

- 在赛事所属的体育项目领域拥有最多订阅用户的微信公众号。
- 赛事目标人群常用的 App 或小程序，比如健身人群常用的 Keep，跑步人群常用的悦跑圈，滑雪人群常用的滑呗 GOSKI 等。
- 赛事所属的体育项目领域专门的报名平台，通常是报名网站。
- 赛事目标人群中的意见领袖，在网络上常被叫作 KOL、大 V，他们往往会通过小红书、抖音、快手、视频号、微博、微信朋友圈等平台，从他们自己的角度对赛事进行介绍和推荐。如果这个渠道对你的赛事推广很重要，你也可以通过专业的MCN机构[1]统一进行策划和投放推广内容。

赛事方合作的第三方媒体和平台并不是数量越多越好，第三方媒体和平台在目标人群中产生的赛事知名度、美誉度、报名转化率等推广效果，以及不同媒体和平台的覆盖范围与宣传角度的互补性实际上更为重要。

在与第三方媒体或平台合作时，赛事方还要充分考虑投入产出比。建议积极思考合作双方有什么可以相互置换的资源，以资源置换的方式尽可能降低与这些第三方媒体或平台进行推广合作的现金成本。

私域用户的自传播

私域是指品牌拥有的、可以低成本甚至免费多次触达用户的场域。赛事方已形成的、自己可以直接触达的用户群体就是非常宝贵的私域资源，不仅在赛事的宣传推广中能起到很大的作用，而且是赛事实现长期发展、形成长期价值的基础。

---

1 MCN，Multi-Channel Network的缩写，直译为多频道网络。MCN机构是一种专门为网络视频创作者提供服务的机构。——编者注

赛事的私域主要包括：

- 赛事的微信公众号和微博、抖音等账号的订阅用户。
- 在赛事的报名或售票平台注册登记过的用户。
- 前几届赛事微信沟通群中留下的用户。

赛事私域用户的主要特点是对赛事比较熟悉和了解（长期关注赛事，其中很多人已经参加过），与赛事的情感链接比较强，对赛事抱有较大的好感，在赛事中交到过不少朋友，甚至认识赛事管理团队中的一些成员。

同时，他们往往还是这个运动项目的积极参与者，他们中的不少人甚至还是运动项目爱好者群体中的意见领袖，对运动项目爱好者群体（同时也是赛事最重要的目标人群）有相当大的影响力和号召力。

因此，将赛事的私域用户充分调动或发动起来，为你的赛事做宣传、做推广，常常能起到事半功倍的作用。

发动赛事的私域用户为赛事做宣传推广的方式有很多种，除了前文提到的以优惠的团购报名价格鼓励他们带领身边的朋友一起参与赛事，还可以用特别定制的赛事纪念品或专属的参赛福利，来吸引他们主动成为赛事的宣传员，凭借自己在圈内的意见领袖地位和对赛事的深入了解，在他们所处的各个运动社群中认真推广你的赛事。

线下推广则有以下几种主要形式和方法。线上推广的最大优点是传播快、覆盖面广，线下推广的最大优势则是能够给推广对象带来更好的综合体验，以及对目标人群的辐射影响和“种草”效果更好。

赛事的线下推广的指导思想，简而言之，就是到目标用户聚集的场所和活动中去做推广。

目标用户常去的场所。如果是滑雪赛事，就要去各大雪场以及滑雪馆进行推广；如果是跑步赛事，就要在跑者和跑团平时常去的公园或跑步道做推广；如果是篮球赛事，就要到各个室内、室外篮球场馆做宣传。

所以，与适合的场地方达成推广合作就变得十分重要。赛事方能够利用的宣传机会不仅是在场地内张贴赛事海报、发放赛事宣传单这类简单直接的宣传方式，还可以考虑在合作场馆内举办赛前训练营、迷你赛事体验等参与性强的推广活动。这些互动活动对目标人群的报名参赛有非常强大的促进作用，在活动现场往往就会有很多人踊跃报名。

此外，场地方的客户名单上的人都是这个运动项目的核心爱好者，如果能通过场地方给这些人提供专属的报名优惠或定制的参赛福利，他们的报名转化率会特别高，而且很多人还会主动帮赛事做义务宣传。同时，这种合作方式也是场地方所喜闻乐见的，因为这给它的客户带来了切实的利益。

例如，前面我们提到过的全球著名障碍赛事“斯巴达勇士赛”的主要卖点，是给广大健身人群提供一个公开展示自己力量和能力的舞台，因此它在创立之初采取的推广方式就是进入各大健身房，聘请大量健身教练作为赛事的推广员，让教练们在指导客户健身的场景下向健身人群介绍这项赛事的特点和魅力。这种推广方式收获了非常好的宣传效果，吸引了大量健身人士报名参赛。这批人也成了赛事最初的种子用户，参赛后他们以自己良好的参赛体验向身边更多的健身爱好者进行宣传推广，使赛事获得了裂变式的传播。

目标用户参加的赛事和活动。到目标用户参加的其他赛事或活动中去做宣传，也是一种高效的赛事推广方式。

在马拉松比赛的终点宣传新的跑步赛事，在新年庙会上设摊宣传即将举行的家庭运动会，在山地户外电影节上宣传你的越野赛事，这些都是相当合适的选择。这类赛事推广活动不仅面向的人群合适，开展推广活动的场景也合适。

围绕赛事举办线下系列推广活动。对于规模较大、预算较高的赛事，相应的报名压力和招商压力通常也较大，这就需要考虑在赛事的前期、中期和后期举办一系列的围绕主赛事的周边比赛或活动，让主赛事得到最充分的预热和宣传，以实现参赛名额的销售目标，同时也给赛事的赞助商们提供更多的活动权益，以促进赞助销售。

赛事前的线下活动的主要目的是赛事预热和报名招募，适合举办小型的体验赛、备赛的训练营、参加过前几届比赛的老选手与新报名选手的参赛经验分享会、在各个人流密集的商圈巡回举办趣味性互动宣传活动等。

赛事中的周边活动可以包括为参赛选手的家人和朋友举办的观赛活动、赛事的自媒体直播活动、颁奖庆典以及赛后派对等。

赛事后的线下活动可以考虑为参赛选手举办一些重聚活

动，形式可以是老选手之间的围炉夜话，回味比赛带来的感动和感受；也可以是老选手给对比赛有兴趣的新人介绍比赛、分享经验的拉新活动。

以上推荐的这些活动也非常适合作为提供给主要赞助商的定制活动，可以显著提升赞助方案的整体价值，大大增加比赛对赛事赞助商的吸引力。

推广计划

在明确了赛事的推广策略，以及了解了赛事推广在线上、线下的各种形式和方法后，我们就可以制订推广计划了。

本章讲述的所有内容都与如何制订一份高质量的赛事推广计划有关，由于涉及的知识体系比较庞杂，为了让读者朋友在做赛事推广计划时思路清晰、计划周全，在下面的“邱老师开小灶”部分，我为大家梳理了赛事推广计划的主要内容结构和思考决策要点。

特别要注意的是，赛事推广是一个时间跨度较长的工作，在推广工作推进的过程中，还需要不断对推广的实际效果进行观察和评估，及时对推广计划进行必要的调整。

邱老师开小灶

读完这章，大家肯定已经认识到了赛事推广的整体计划和思考是一项非常庞杂和系统的工作。为了帮助大家高效、高质量地完成这项工作，我在这里总结、梳理出了赛事推广计划的主要内容结构和思考决策要点（如表 5-1），大家依据这个表格去思考，思路会非常清晰。

表 5-1　赛事推广计划的主要内容结构和思考决策要点

计划内容	思考和决策点
推广目标	为了扩大赛事影响力和覆盖面？为了提高目标人群对赛事的认知和了解？为了推动报名？为了满足政府或赞助商的需求？
推广对象	主要目标人群是谁？次要人群是谁？赞助商的目标客户与赛事的目标人群重合度有多高？
推广资源	自有资源有哪些？非自有资源中哪些可以通过合作或置换获得？哪些付费资源是必要的？
推广效果	根据推广目标和推广对象设置推广效果，效果指标尽可能量化、数字化
线上推广	决定线上推广所使用的各类媒体和平台、每个媒体平台的具体投放内容、推广内容以及投放时间表
线下推广	决定线下推广系列活动的时间、内容、所需资源和工作时间表
推广计划的预算	基于线上和线下推广计划，制定出推广预算，并根据赛事的整体预算进行评估和调整
推广效果的监测和评估	确定监测方式和评估标准，设定触发计划调整的条件

第 6 章

运营，让你的赛事获得盈利

首先，我们要明白体育赛事为什么能赚钱。其根本原因在于体育赛事为各主要利益相关方都提供了非常明确的价值：

- 为广大参赛 / 观赛者提供了有益身心的比赛过程和印象深刻的参赛 / 观赛体验。
- 给商家的产品或服务提供了在精准的目标人群中高效宣传和深度推广的机会。
- 不仅给赛事举办城市和比赛场地带来了潜在消费人群，还通过广泛的媒体报道和参赛者的自媒体传播，让城市和比赛场地在更广大的人群中得到了多维度的宣传。
- 比赛所产生的精彩的专业生产内容和用户生成内容，能给传统媒体带来收视率，给线上平台带来流量，而这些都是它们最需要的。

体育赛事提供的这些价值，正是各个利益相关方愿意为赛事花钱的原因。他们花钱，就是购买赛事中对自己有用的价值。所以，“赛事可以从哪些地方赚钱”这个问题的答案也就清楚了（如表 6-1）。

表 6-1　赛事的利益相关方从赛事中购买的价值及购买方式

给钱的“金主”	要购买的价值	购买的方式
参赛者	优质的参赛体验	缴纳报名费
观赛者	难忘的观赛体验	购买比赛门票
商业企业	以高效的方式在目标人群中推广自己的品牌、产品或服务	赞助比赛
当地政府或比赛场地	在全国甚至全球大范围的正面宣传、人们对赛事举办城市或比赛场地的好感和口碑的形成	财务补贴或场地费减免等支持
媒体平台	赛事内容给平台带来的收视率或流量	购买赛事直播权等内容版权
……	……	……

体育赛事市场中数量最多的主要是非职业基层赛事，根据北京橙光线市场顾问有限公司近几年的市场调查，这类赛事目前在中国最大的一部分收入还是来自政府采购的赛事执行费，紧随其后的是赞助费和报名费或门票收入。然而随着

中国体育消费市场的不断成长和成熟，赞助费、报名费或门票收入在赛事整体收入中的占比将会不断攀升，直至成为赛事的主要收入来源。

所以接下来我们着重讨论“如何取得报名或票务收入”和“如何获得赛事赞助”。

如何取得报名或票务收入

任何交易的达成，要以买卖双方都觉得价格合理为前提，赛事的报名费或观赛门票的定价也是如此。作为赛事方，我们要先站在参赛者或观赛者的角度来问自己：我们的赛事给参赛者或观赛者提供的价值究竟有多大？按照这个价值，我们的目标人群会愿意花多少钱来购买参赛或者观赛的名额？

决定目标人群能够接受的参赛价格的因素有很多，比如：

1. 比赛的体验感是不是特别强？独特性是不是非常突出？（赛事越稀有，赛事方对参赛价格的定价能力就越强）

2. 与同一体育项目的其他同类赛事相比，参赛价格是不是在同一水平？

3. 市场中同类赛事的数量是不是非常多？（同类赛事的过度竞争会削弱赛事的定价能力）

4. 这项赛事的往届比赛的参赛价格是多少？（人们通常难以接受同一赛事幅度过高的涨价）

要想提高比赛的报名费，首先要做的就是想办法提升人们的参赛体验。

只有从赛事策划、赛制设计、比赛成绩和个人数据的实时采集和生成、赛事的周边活动、赛前赛中赛后的服务流程和环节、赛事照片和视频等内容的共享和分发、比赛奖品和纪念品的设计等各个方面综合发力，才能真正提升参赛体验。

当然，上述这些提升参赛体验的工作很多都对应着或多或少的成本投入，赛事方也要仔细计算这些增加的成本与可能增加的报名收入之间是否匹配。实际上，不断提升参赛体验就是不断累积赛事自身的价值，这本身就是赛事方长期的重点工作。从赛事方的现实情况出发，我的建议是不一定追求一蹴而就，可以采取每届比赛重点提升 1 ～ 2 个方面的参赛体验的方法，逐届积累，用 3 ～ 4 年的时间让赛事在品质和体验上有一个显著的综合提升，进而带动参赛价格提升到下一个档次。

提高报名费的另一个方法是在报名费中打包与比赛相关的其他物品或服务。

打包的物品可以是比赛相关的装备，如比赛服、比赛用球、腕带、头带等；也可以是赛事方特制的纪念品，如赛事主题 T 恤、运动背包、运动水壶等；还可以是赞助商提供的产品，如运动饮料、能量棒、球星卡等，这也是可以提供给赞助商的赞助权益。

如果比赛的参赛者来自全国甚至世界各地，赛事方还可以考虑推出参赛期间的本地住宿和参赛交通服务的外地参赛者报名包，以方便那些不愿意自己费心安排比赛当地住宿和交通的外地参赛者。

赛事报名的渠道现在已经完全实现了线上化、数字化。报名工作包括对大量参赛者必要的个人信息的收集以及参赛费用的收取，背后涉及个人信息填报和上传的便捷性和安全性、线上付款的安全性和准确性，还有对海量信息的分类和检索，乃至点对点的通知发送、反馈意见收集等功能的要求，具有很强的专业性和技术性，一般的赛事公司很难独立开发和运营这样的报名平台。而且，考虑到成本和术业有专攻，赛事公司也没有必要去开发报名平台。市场中已经有不少经验丰富、口碑良好的线上报名平台服务商，我非常建议赛事方在报名工作上与专业的第三方服务商合作，以提高效率、节约成本、降低风险。

对于需要售卖门票的赛事，鉴于与上面类似的原因，我也建议赛事方在票务推广和销售方面，与专业的第三方票务平台合作。

与第三方报名或票务平台合作的另一个重要好处，就是可以充分利用这些平台已有的用户和流量。因为在这些专业的报名和票务平台上，每天都有成百上千条分布在全国各地的赛事和活动的信息，这些平台日积月累，已经获得了很多精准的目标用户，吸引了可观的日常流量。把你的赛事放在这些平台上报名或售票，同时也是一种很有效的推广行为。

依据赛事方与报名或票务平台的合同条款，平台会按期将平台上收到的赛事报名费或票款扣除平台的佣金后汇到赛事方的账户。如果赛事因故取消或推迟，平台还可以帮赛事方将收到的报名费或票款快速退回到每个报名或购票用户的账户里。

此外，虽然报名费与票务费都是从赛事的直接消费者身上获取的收入，但很多比赛的报名工作是与比赛的计时计分系统相关联的，也与赛前、赛中、赛后赛事方提供给参赛者的很多服务相关联。因此，与票务相比，报名与消费者发生关系的时间跨度更长（跨越赛前、赛中、赛后）、互动触点更多、消费者的体验也更深刻。鉴于此，报名费在定价时也要考虑赛事方的服务溢价。

而票务费的本质是消费者付费购买体育赛事的观赏体验，赛事中运动项目的普及程度、赛事中竞技对抗的激烈精彩程度、有无体育明星参赛等影响观赛体验的因素，也决定了赛事的票务收入的高低。

如何获得赛事赞助

赞助收入是许多赛事的重要收入来源之一，然而在现实中，大量赛事很难找到赞助商，这是为什么呢？在解决这个问题前，我们必须先想明白，赞助商为什么要赞助赛事。

在企业或品牌方眼中，对体育赛事的赞助属于 Marketing，即市场营销的一部分。那么市场营销的目的是什么呢？通俗地说，它可以被看作“营销 4 步”，即品牌方或企业让品牌的目标消费群体“看到—了解—喜欢—购买”自己的产品或服务。

这是个 4 步递进的塑造消费者心智的过程，要实现起来可不那么容易，但任何企业和品牌方都必须应对这个挑战。不少品牌方愿意选择合适的体育赛事进行赞助合作，就是因为这些赛事可以帮助他们非常有效地达成这“营销 4 步”中的一步或多步。

看到。在比赛场地、比赛服装、比赛装备上的品牌展示，在媒体转播机位或摄影师镜头经常能拍到的赛场空间摆放广告宣传画，在颁奖仪式的舞台和媒体采访的背板上排放品牌标志，在比赛场地的大屏幕上播放介绍品牌的视频……这些都是通过赞助比赛让品牌的目标消费者或目标客户看到品牌的有效方式。

了解。无论是参与型赛事还是观赏型赛事，赛场内都会聚集大量人群，而且人群会停留相当长时间，品牌方利用比赛期间在赛场周围进行产品展示、产品试用、服务体验等活动，都是让现场人群深入了解产品或服务的绝佳机会。

喜欢。前文提及体育赛事有一个巨大的优势，就是能给人们提供优质的、稀缺的线下体验场景。在赛事营造的令人愉悦的体验场景下，赞助赛事的企业或品牌方更容易让赛事的粉丝爱上自己的品牌和产品。

给每位参赛者提供试用产品作为礼品，给赛事的优胜者提供高价值产品作为大奖，将产品的功能和卖点有机地植入赛事的特定环节，在给参赛者提供的服务中使用自己的产品，这些都是让人喜欢上赞助品牌的好方式。

购买。赛事赞助帮助品牌营销实现了看到、了解和喜欢，那么让赛事人群产生购买这个行为就成了“营销 4 步”中的临门一脚。

赞助企业可以根据参赛者成绩的排名，给参赛者提供不同幅度的购买自己产品的特殊优惠，甚至可以给所有参赛者每人一张优惠券或折扣券。这类给参赛者提供的定向优惠能够有效促成购买这临门一脚的破门。

确定赞助招商方向

虽然企业和品牌方可以通过赞助体育赛事获得丰厚的营销回报，但这并不意味着所有企业都适合或者愿意赞助你的赛事。企业或品牌方在考虑赞助赛事时，首先要确认的就是赛事的目标人群与自己的产品或服务的目标消费人群是否高度重合，这两个群体的重合度越高，赛事能够通过现场人群＋传播覆盖触达的总群体规模就越大，企业或品牌方赞助这项赛事的兴趣也就越大。

因此，赛事方在寻找潜在赞助商的时候，不要盲目出击，见企业就谈，而是应该先确定赞助招商的方向，也就是框定哪些领域的企业和品牌方由于消费者人群与赛事人群重合度高而可能对你的赛事更感兴趣。将这些领域的企业或品牌方定为赛事招商的主要目标，才能提高赞助招商的效率和成功率。

确定赞助招商方向的 3 步走主要是：

1. 给赛事的目标人群准确地画个像（本书第 2 章中详细讲解了如何框定赛事的目标人群）。

2. 基于人群画像，想想这个特定人群经常消费或者喜欢消费的产品和服务都有哪些。

3. 在这些产品和服务领域中，挑选出那些曾经赞助过体育赛事或活动、并正在积极进行营销推广的企业，将其作为赛事方优先洽谈的潜在赞助商。

比如，某个城市的社区篮球赛的参赛人群主要是本市各个社区的 25 ～ 45 岁的男性居民，以城市白领为主，大部分已婚。他们感兴趣的领域主要有高端电子产品、汽车、理财、旅游等方面，那么汽车、银行、保险、旅游服务、创新电子产品等就可以是赛事优先考虑的招商方向。

如果是“村 BA”[1] 这样的乡村篮球赛，参赛和观赛人群以农村人口为主，他们感兴趣的可能是适合农村道路的乘用车和商用车、普及型的家用电器、电子产品和日用消费品等与农业生产和农村生活相关的商品和服务，赛事招商就应该以这些领域的企业和品牌为主要方向。

1　全国和美乡村篮球大赛，由贵州省台盘村“六月六”吃新节篮球赛发展而来的赛事，比赛场地在村口球场，组织及参赛者以村民为主，办赛风格充满乡土风格，在 2022 年经短视频平台火遍全国。——编者注

制作赞助招商方案

一份书面的、专业的赞助招商方案，是赛事招商必备的工具。

赛事赞助招商的工作量庞大，需要接触大量的潜在赞助企业。即使接触上百家企业，最终能谈成赞助合作并签约的企业数量也通常只是个位数。在有这么多家企业要去接洽和沟通的情况下，如果采用一家家去当面拜访或是一个个打电话做口头介绍的方法，肯定是行不通的，也是不现实的，因为不仅赛事方没有这么多的时间和精力，企业也没有。

因此，赛事赞助招商方案就变得非常重要。赛事方与任何一家潜在赞助企业取得联系后，首先要提供给对方的就是赛事赞助招商方案。这份方案不仅能节省双方大量的时间，而且能提高沟通的准确性和全面性，还能从侧面反映出赛事方的专业程度，其重要性不言而喻。

一份完整的赛事赞助招商方案应该包括以下 4 部分的内容：

1. 赛事介绍。

2. 赞助层级和各层级对应的赞助价格。

3. 各层级赞助权益的详细说明。

4. 招商联系人和联系方式。

首先，赛事介绍部分要开门见山、言简意赅地快速说明你的赛事是一项什么样的赛事，其中应该包括以下核心要素：

- 比赛的名称、主题、主旨和目标。要说明为什么要举办这个比赛，以及赛事未来的愿景。
- 比赛的目标人群。这部分可以分为主要目标人群和辐射影响人群来分别描述。
- 比赛的时间、地点和赛制。这部分信息非常重要，它可以从侧面体现出比赛的实际价值和可靠程度。如果是多阶段或多赛区的比赛，也要具体说明各阶段和各赛区的情况，这对企业判断赛事与其产品的主要市场和推广计划是否一致非常重要。
- 比赛的历史和成就（如果不是首届赛事）。这部分要多展现事实和数据，因为比赛的历史和成就会让它在企业眼中更有可信度，也更便于企业评估比赛的赞助价值。

- 赛事方为比赛制订的宣传推广计划。企业在评估赛事赞助价值的时候，不仅会考虑赛事现场容纳的人群有多少，也会考虑比赛通过一系列宣传推广覆盖到的人群有多广，两者合起来的总人群数量是企业评估赛事赞助价值的重要依据，所以方案中的赛事宣传推广计划要能够充分说明赛事整体的宣传覆盖范围和总人群数量。

其次，方案要介绍赛事的赞助层级以及每个层级对应的赞助价格。大多数赛事都会设置不同的赞助层级，也就是不同级别的赞助商。赞助商的级别越高，付出的赞助费就越多，同时获得的赞助权益也越多、越重要。

赞助层级通常会有 2 ～ 4 层。以 4 层为例，层级的命名从高到低依次为：

- 冠名赞助商（只有一家）。

- 官方合作伙伴（可有多家，赞助企业具有行业排他权，也就是一个行业类别下只能有一家赞助企业）。

- 官方赞助商（可有多家，可不考虑行业排他性，赞助费也可考虑采用现金赞助与实物赞助相结合的方式）。
- 官方供应商（可有多家，赞助费可以全部是实物赞助）。

再次，方案中要详细介绍并罗列每个赞助层级各自对应的赞助权益。在赞助权益的分配上，总的原则是重要权益要优先分配给高级别赞助商。最高级别赞助商获得最重要的赞助权益，比如比赛的冠名权，下一级赞助商获得相对重要的权益，依此类推。

赞助权益通常不仅包括比赛现场的广告板、背景板、领奖台等形式的品牌展示，还可以是给参赛者提供礼品或奖品、比赛现场的产品展示和产品试用、比赛转播画面中的品牌植入或产品植入等多种方式。对于少数高级别赞助商，还可以考虑提供特殊的定制权益，比如品牌冠名比赛的某个环节、比赛中统一使用品牌提供的某种装备等。

在招商方案中，建议用单独一页来罗列和展示不同赞助级别的赞助权益，让潜在赞助商可以一目了然，也方便比较。

赛事赞助招商方案的最后一部分，是很多制作方案的人都容易遗漏的，一定要记住在最后一页留下招商联系人的姓名和联系方式。因为，招商方案的电子版也许会被人们不断转发，某个看到方案并有兴趣的企业很可能根本不认识赛事方的人，所以在方案中留下联系方式非常重要，以免痛失机会。

潜在赞助商的接触和洽谈

根据前文可知，赞助招商方向一旦确定下来，赛事方就可以在招商方向的每个类别下列出所有市场营销比较活跃的企业和品牌，以及那些刚刚推出、需要大力宣传的产品，逐一去寻找这些公司的市场部的联系人和联络方式，以微信、电话、邮件等方式与他们进行初步接触。对方如果正好有这方面的营销需求，通常会要求赛事方发送相关资料，以了解赛事的具体细节并评估赞助价值，这时候赛事的招商方案就派上用场了。

如果企业看过赛事招商方案后，要求与赛事方见面详谈，就说明这家企业对赛事已经有相当的兴趣了，赛事方一定要紧紧抓住面谈的机会，全力促成赞助合作。会谈中，潜在赞助企业除了在自己最关心的一些赛事细节问题上会做进一步的了解和确认，还会提出自己的具体需求和要求，比如增加赛事举办城市的数量、扩大赛事的宣传覆盖范围、在方案中列明的赞助权益之外要求额外的特定权益等。

这些要求往往代表了潜在赞助企业在赛事中的核心需求，赛事方应该逐一认真考虑，不仅要思考这些要求的可行性以及可能给赛事带来的额外成本，还要思考企业提出这些需求背后的真正原因。在明白了真正原因后，赛事方需要针对这些需求，主动提出双方都能接受的解决方案，最终目的是在具备可行性且不增加赛事总成本的前提下，满足赞助企业的核心需求。

比如，企业提出增加赛事落地城市的数量，背后的原因很可能是因为它的某几个重点市场城市不在赛事原定的举办城市中。为了控制赛事总成本，赛事方可以向企业提出自己的解决方案：在增加一个城市的赛事的同时，取消另一个原定城市的赛事。

再如，企业要求比赛过程中必须有电视台的赛事直播，可电视台直播的费用是非常高昂的，大多数赛事方都承担不起。企业提出这个要求背后的原因可能有 2 种：一种可能是企业认为只有电视台直播才能产生最强的宣传效果和最大的人群覆盖面，另一种可能是企业参与谈判的市场部想通过自己企业赞助的赛事登上电视这件事，来取悦于企业老板或者当地领导。如果是第一种可能，赛事方可以通过流媒体和自媒体的趋势报告和传播数据，来向企业说明赛事现有的宣传方案能够产生很好的宣传效果和对目标人群的广泛覆盖，以打消企业的顾虑；如果是第二种可能，赛事方可以主动建议另外的方式，比如请领导参加比赛开幕式并接受媒体采访、请企业老板赛后给获胜者颁奖等，来满足他们这方面的需求。

另外，在招商谈判的时候，赛事方也要特别注意，企业所要求的权益与它打算购买的赞助级别之间是否相符。企业方经常采取的一个谈判技巧是购买低级别赞助，但要求获得高级别赞助商的权益。这时赛事方就需要坚守不同赞助层级的定价原则，坚持“高价权益多、低价权益少”，因为一旦为某一家赞助商开了“低价获得高级别权益”的先例，以后和其他赞助商谈判时就很难再坚持原定的赞助层级价格体系了，赛事的赞助招商收入将会大幅减少。

当然，赞助招商方案中列出的价格和权益也不是完全不能调整的，在对赛事招商大局有利的情况下，可以考虑给某些重要赞助商一些适当的优惠。比如在招商的初期，可以给那些有巨大影响力的标志性大品牌在赞助价格上提供适当的优惠，或提供对方感兴趣的额外权益，吸引他们尽快签约，这样对其他潜在赞助企业的赞助决策会起到有力的推动作用。另外，对于愿意签署 3 ～ 5 年赞助长约的企业和品牌，可以在赞助价格上给予更大的优惠。

签订赞助合同

与赞助企业谈妥赞助价格和具体权益等商务条款后，就进入合同签署阶段。这个阶段包括 4 个步骤：

1. 赛事方草拟合同。
2. 赞助商审阅合同并提出修改意见。
3. 赛事方修改合同并与赞助商最终确认合同文本。
4. 双方签署合同。

在赛事赞助合同中，除了对赛事主要信息的基本描述，还必须有以下 5 个部分重要的内容：

- 赛事方和赞助商各自的权利和义务。
- 赞助商获得的赞助权益，以及赞助价格和付款条款

（分几期支付，每期款项什么时候支付）。

- 赞助合同的期限和授权地域（明确赞助企业享受赛事授予的赞助权益的时间期限和地理区域，地理区域可以是某个城市、某个省、某个国家或者全球各地）。
- 双方的违约责任（以避免合同执行过程中因任何一方发生违约而扯皮）。
- 保密条款（双方都有对合同的内容对外保密的义务）。

需要强调的是，绝大多数的赞助权益一旦开始实施，就很难撤回，因此如果赞助合同未完成签署而赛事方就已经开始为赞助商提供赞助权益了，万一合同最终未能签署，所有的有形和无形损失就只能由赛事方独自承担了。

赞助实施

与赛事赞助商签订赞助合同后，就进入赞助实施的阶段。

这个阶段对于赛事方而言，主要是履行和交付自己在合同中承诺给各家赞助商的各类、各项赞助权益；对于赞助商而言，主要是监督赛事方对自己赞助权益的履行，并在权益实施方面给赛事方提供必要的支持，比如向赛事方提供自己的品牌标志电子文件和使用规范，与赛事方及时确认所有涉及自己品牌展示和产品呈现的赛事物料和宣传品设计，与赛事方联合推进并落实赞助商在赛事现场的专属展台、产品试用、推广活动等的方案和执行。

赞助实施工作的最后一个环节，是在赛事结束后，为每家赞助商出具一份为其定制的、完整翔实的赞助报告。

赞助报告是对赞助商与赛事方在这次赛事上的赞助合作的总结。这份报告不仅是赛事方对赞助商市场部的一个交代，也是赞助商市场部对他们公司管理层的交代。所以赞助报告的核心目的，就是用客观、翔实的内容和数据，来全面证明这次赞助合作的成功。

专业的赛事运营公司出具的赞助报告通常会包括以下几个主要部分：

- 全面回顾赛事本身的成功。这部分的内容和数据可以包括：反映比赛盛况的图片和视频、参赛人数、观赛人数、参与者口碑、主要媒体的报道、政府领导的表扬等。

- 用数据说明赛事的影响覆盖面。包括：赛事官方微博、官方网站、微信公众号、抖音、快手、小红书等自媒体账号的粉丝数据和互动留言，流媒体转播（如果有）的观众数，专业媒体报道的阅读数和收视率等。
- 逐项展示该赞助商的各项赞助权益的实际实施情况，采用图文与数据相结合的形式来展现。
- 根据赛事在各类媒体以及线上平台的传播数据，计算出该赞助商通过赞助赛事而获得的各类品牌展示所对应的赞助价值，并将赞助价值总金额与赞助金额相比较（显示出获得的赞助价值远大于赞助金额）。

一份优秀的赞助报告，不仅能在赞助商面前树立赛事方专业、敬业、珍视赞助商的形象，甚至可能直接推动赞助商与赛事方续签赞助合同。

抓紧赛事的其他收入来源

除了报名、门票收入和赞助收入这几大收入来源，体育赛事还有不少容易被人忽视的收入来源。**对各种收入来源进**

行充分发掘，不仅可以提升赛事的总体收入，还能很好地规避赛事过于依赖单一收入来源而产生的经营风险。

赛事周边商品的开发和销售

好的赛事的品牌价值并不局限在赛事本身，还具有很好的外延性。其中一个比较常见的体现就是赛事的周边商品。

人们愿意购买赛事的周边商品，是因为大家将自己对赛事的美好感情同样寄托在了赛事周边商品上。周边商品让人们可以在赛事之外、赛事之后持续感受到自己在赛事中收获的美好体验和感觉。

因此，赛事的周边商品通常是带有显著的赛事标志（如赛事标志、主视觉海报、比赛经典画面）、符合比赛调性、具有设计感的服饰、用品和运动配饰，常见的种类有 T 恤、帽子、运动包、马克杯、纪念奖牌、运动水壶、头巾、吸汗带等。赛事方当然也可以开发更具有自己赛事特色的周边商品，比如飞盘比赛可以定制带有赛事标志或口号的飞盘，桨板比赛可以推出绘有赛事主视觉画面的桨或桨板。

开发赛事周边商品的时候，为了控制成本、降低风险，赛事方通常会选择几类在市场中已有的商品，在上面加上赛事的标志和特定设计，而不是开发一类全新的商品。中国强大的电商网络以及完善的小商品制作产业链，使得赛事方可以方便地找到愿意以合理价格生产较少数量的赛事周边商品的供应商。

赛事周边商品的销售通常有线下、线上 2 种方式。

- 线下销售方式就是在比赛现场设置摊点，面向参赛者、观赛者进行周边商品的销售。现场销售的优点是比赛现场的气氛和情绪容易激发人们的购买冲动，缺点是销售的时间太短。
- 线上销售方式主要是开设赛事网店长期销售赛事周边商品，还可以在赛事的视频号、小红书、抖音和快手等平台上进行“种草”或带货。线上销售方式的优点是销售时间长，缺点是需要不断投入资源进行推广，否则会无人问津。

此外，对于品牌已经相当知名、全国各地粉丝众多的赛事，赛事方也可以考虑将周边商品的开发、设计、生产、销售整体授权给一家或几家专业的供应商，以授权费的方式获得收入。

赛事现场的收费增值服务

前文提及，好的比赛一定会给参赛者、观赛者提供各种非常好的体验。实际上，这些体验不一定都要是免费的。只要能真正满足赛事现场人群的痛点和强需求，赛事方将一些服务项目设置为收费服务完全没有问题，当然前提是收费价格不能过高。

以马拉松比赛为例，参赛者的存衣服务、赛道沿途的补给、比赛成绩计时这些基础的比赛服务往往都包含在比赛的报名费中，不会另外收费，但是对于在比赛终点提供的完赛奖牌刻字服务、跑者个人的比赛照片和视频、特别制作的精美纪念品等起到锦上添花作用的体验、产品和服务，赛事方是可以向参赛者另外收费的。

赛事方可以在比赛前选择好各项收费服务的专业供应商，由他们向现场人群提供服务并收取费用。赛后，供应商根据与赛事方商定好的分成比例进行收入分成。

赛事现场摊位的招商

不管是什么赛事，现场都会聚集大量人群。无论是参赛者，还是他们的亲朋好友和其他观赛者，都会在比赛现场停留较长时间。赛事现场的大量人群如果较长时间停留，自然就会产生一系列的消费需求：要有地方吃喝、聊天，有集市可逛，有东西可玩。这就需要赛事方在现场安排各种摊位来满足这些需求，同时这也成为赛事方的另一项收入来源。

摊位的种类有饮食类（饮料、冷饮、小吃、快餐）、游乐类（小型游戏和游乐设施）、商品类（赛事周边商品以及其他有趣好玩的小商品售卖）、体验类（手工、绘画、剪纸等体验性活动）等。赛事方可以根据赛事所吸引人群的具体画像和主要兴趣，来决定现场摊位的种类和每个种类所占的比重。

赛事方不需要亲自去搭建和管理每个摊位，而是可以通过招商把各种摊位引进到比赛现场，并收取合理的摊位费。

赛事方需要特别注意的是，这些摊位的摊主并不是赛事的赞助商，他们只是被赛事方允许在赛事现场进行各自的售卖活动，因此，任何摊位在对外宣传中都不得采用会让人认为它是赛事赞助商的内容或方式，对此赛事方要加强巡查和管理，否则就会侵害赛事赞助商的利益，造成赞助商的不满。

赛事举办地政府或场地方的补贴

由于赛事自身的影响力可以形成大量传播、引发广泛关注、带来可观人流，这背后的价值是赛事举办地的政府以及比赛的场地方（球场、景区、水域、滑雪场等）都非常看重的。因此，有不少地方政府或场地方会对愿意落地当地的有影响力的赛事给予一定的补贴，这对赛事方而言也是一笔可观的收入。

这类补贴如果是场地方提供的（通常是现金补贴或场租减免这 2 种方式之一），通常会在场地方与赛事方签订的合同中体现出来；如果是当地政府提供的，则需要赛事方在赛事结束后，向政府提交相关材料进行申请，得到政府批准后才能获得补贴。

互联网收费平台上的直播

虽然向媒体售卖赛事直播权以获取高额版权费对于大多

数草根赛事或参与型赛事而言还很不现实，但随着各类线上直播平台的飞速发展，赛事方直接在线上账号直播自己的比赛，并向收看比赛的观众直接收取一定的观看费用，已经是一种切实可行的变现方式。

早在几年前，国内的某项中式台球赛事，就通过某流媒体直播平台直播每场赛事，并向线上观众收取一天 12 元的观看费用。

在 2022 赛季中国足球协会甲级联赛中，新疆天山雪豹俱乐部在本队的视频号上直播了自己的首场比赛，并设置成付费才能观看。虽然比赛以失利告终，但仍有不少新疆天山雪豹队的球迷以付费观看的方式表达了对球队的关注和支持。

邱老师开小灶

本章的内容虽然看似复杂，但其中的核心逻辑关系都包含在下面的这张“体育赛事与各利益相关方的关系图”（如图 6-1）中。拿着这张图，对照本章的内容，你会对体育赛事与利益相关方的关系形成更清晰、更深刻的理解。

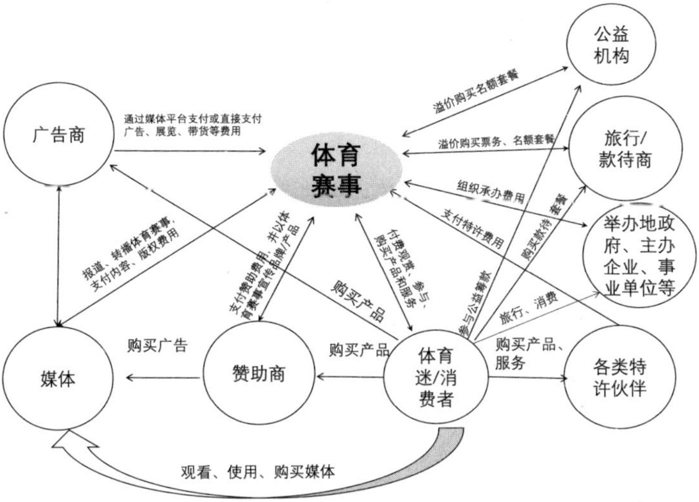

图 6-1　体育赛事与各利益相关方的关系图

注：本图选自崔英善主讲的“体育赛事的市场开发”课程。

第 7 章

管理，成为专业的赛事操盘手

任何一场成功赛事的背后，一定都有着一位或者一组专业的赛事操盘手，他们通常由哪些人担任呢？

在奥运会、世界杯这样的超大型赛事中，赛事的操盘手往往是组委会主席。他指挥和调动着国际级、国家级、城市级的巨大资源以及数万人力，具有极大的影响力和号召力。像这样的超大型赛事在全球范围也只有有限的几个，这个级别的操盘手更是凤毛麟角。

实际上，全世界绝大部分赛事是区域性中小型赛事以及遍布民间的参与型赛事，这些赛事每年有数十万场，它们的背后是大量的中小型赛事操盘手。

在专业体育公司里，赛事操盘手一般是赛事总监或赛事经理这样有经验的赛事专家，他通常还领导着一个或几个赛事团队。在体育爱好者的世界里，赛事操盘手可能是赛事的创办者，也可能是体育俱乐部的发起人。只要他是这场赛事的终极责任人，要对赛事的诞生、运营、财务和风险担负最终责任，那么他就是赛事的操盘手。

赛事操盘手的主要工作内容

赛事操盘手是赛事团队的大脑和主心骨，他通常是整个团队中最有赛事经验的人，最能够及时发现问题并提出解决问题的有效方法，所以他不应该让自己整日埋头于赛事的某些具体工作中，而应该培养大局观念和全局意识，将自己的时间和精力用于从更高的角度观察赛事项目的进展，协调所需的各项重要资源，在外部和内部沟通、同步重要信息，帮助团队发现并解决重要问题，从而很好地保障团队工作的顺利开展并推动项目的进展。

赛事操盘手在赛事中应该做的主要工作如表 7-1 所示。

表 7-1　赛事操盘手的主要工作内容

对赛事项目的管理	对团队的管理	对收入、成本和预算的管理	与各主要利益相关方的沟通和管理
·确定赛事的长期目标和发展战略； ·赛事从准备到执行的整体计划和具体推进； ·赛事涉及各项风险的预估和防范； ·监督赛事各项工作的进展，分析和解决遇到的重大问题； ·协调和获取重要的资源； ·信息的内部沟通和同步	·在团队内部进行合理分工； ·明确各工作小组之间的协作方式和协作工具； ·发现并解决内部协作中的问题	·制定并管理赛事的整体预算； ·充分挖掘各项收入； ·严格控制各项成本； ·根据实际情况，对赛事预算进行必要的、合理的调整	·与赛事的各主要利益相关方（参赛者、比赛可能影响到的居民、赞助商、相关政府机构、合作媒体等）保持主动沟通； ·科学管理各利益相关方的要求和期待

下面我们将从赛前、赛中、赛后 3 个阶段，探讨赛事操盘手应该做的具体工作。

赛前

首先，赛事操盘手需要将赛事项目中各项工作内容进行梳理和分解。通常，一项赛事会涉及以下工作内容：

- 赛事策划、预算制定和可行性分析。
- 赛事的宣传（包括前期宣传、赛中宣传和赛后宣传 3

个阶段，每个阶段有不同的宣传方式和重点内容）。

- 赛事的招商，以及后续的赞助签约、权益实施、赞助商服务等工作。
- 赛事相关人员的招募（报名、售票等工作人员的招募）和服务。
- 竞赛管理（赛制的制定、比赛场地的选择和搭建、裁判的选拔和管理、志愿者的招募和培训等）。
- 第三方供应商的招标、谈判、签约和管理。
- 赛事的报批和维护政府关系。

其次，基于工作内容的分解，搭建赛事管理的组织架构。根据工作内容划分，赛事管理团队的组织架构如图 7-1 所示。

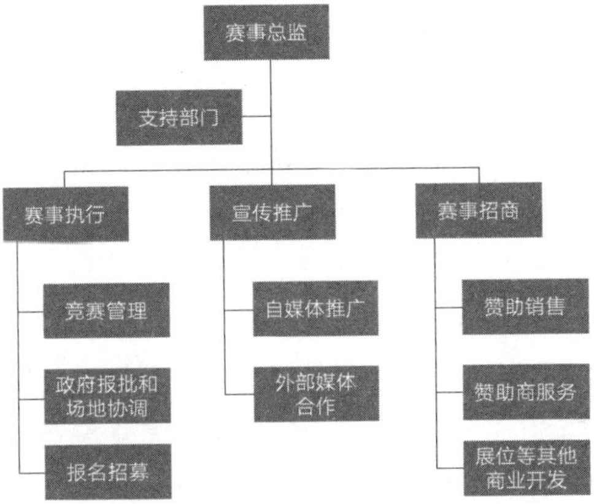

图 7-1　赛事管理团队的组织架构

注：支持部门指的是财务、人力资源、法务、行政、IT（信息系统）等内部支持部门，这些部门往往是公司统一配置的，服务于全公司。但如果公司里没有设置这些内部支持部门，那么赛事团队内部则需要补充设置相应的职能岗位。

根据团队人员的来源划分，赛事管理团队又可以分为：

- 内部核心团队，即赛事操盘手手下的长期、固定人员。
- 外聘的项目制专业人员，如外部顾问、赛事专家等。
- 主办单位、协办单位等合作方团队，如场地方、当地政府、体育协会等。

- 外包的第三方供应商，如场地搭建商、报名平台、专业计时供应商、服装奖牌等物料制作商。
- 志愿者，即赛事期间在不同岗位上临时工作的志愿人员，招募来源通常为高校学生、体育俱乐部成员等，志愿者在上岗之前必须接受相应培训。

再次，在明确了各项工作内容，形成了组织架构后，赛事操盘手就要将人、财、物这三类资源在每项工作上进行合理分配。

人。“团队人数 × 每个人的工作时间”才是赛事操盘手可以使用的人力资源的总量。资源中的人不仅指将多少名人员分配到某项工作上，也指每个人在不同任务上的时间分配。

比如赛事执行团队中的一员，他可能有 50% 的时间用在竞赛管理相关的工作上，30% 的时间用在对第三方供应商的甄选和管理上，10% 的时间用在处理赛事的报批工作以及维护政府关系上，还有 10% 的时间用于制订自己的工作计划、撰写总结报告等案头工作。

财。财指的不单是赛事的总预算，更是总预算中分配给每项具体工作的子预算。有了明确的子预算，每项具体业务的负责人才能明确自己手里有多少资金可以使用，才能据此制定出自己的工作方案、制订预算计划。

比如，赛事的宣传负责人需要知道自己有多少宣传预算，才能在外部媒体合作和广告投放方面做到心中有数，制定出符合宣传子预算的、性价比最高的宣传推广方案。

总预算在各项工作上的分配比重也反映出一个赛事的侧重点在哪里。如果一个赛事主要依靠市场化、商业化来运营，它往往会在宣传推广和商业开发这 2 项工作上分配较高比例的预算。

物。对大多数赛事团队而言，物这类资源通常是最缺乏的。因为物往往对应的是比较庞大的固定资产，而赛事运营恰恰是一种强调轻资产化的业务。

当然也有一些赛事团队拥有一定的物类资源，比如场地资源（长期租用的田径场、篮球场等）、竞赛设施资源（比如龙舟俱乐部会拥有一定数量的龙舟），甚至信息技术软硬件资源（比如赛事方自己开发的报名平台）。

哪些物资应该自己采购、自己长期拥有？哪些物资应该通过购买服务或租赁的方式从供应商处获得？这是赛事操盘手需要根据赛事的具体情况来决定的。如果你的比赛每年举行的场次很多，每场比赛又都要用到某种关键物资，而且这种物资比较耐用，运输和仓储费用也不高，那么你就可以考虑自己购买、自己拥有；但如果你的比赛举行的场次不多，而这种物资价格又比较昂贵，平时的维护成本也较高，那么就应该考虑比赛时从供应商处租赁。当然，如果比赛旺季设备很难租到或者租价过高，则另当别论。

最后，在搭建了组织架构、分配了各项资源后，在赛事的计划和筹备过程中，赛事操盘手还要不断进行沟通和协调工作。

赛事管理是一项内容非常庞杂、信息的产生和变化都非常巨大的工作。来自组织架构中各个部门或小组的工作进度信息以及遇到各种情况的信息，每天都会汇集到赛事操盘手这里，赛事操盘手除了需要基于这些信息做出大量的决策外，还需要迅速判断哪些信息是需要共享给内部团队的、哪些信息是需要共享给外部的利益相关方的。

在赛事管理中，各个部门工作的一致性和协调性是赛事获得成功的基础，因此重要信息的内部共享就变得非常重要。这些信息虽然来自某个部门，但其他部门都需要同步知晓，并在各自负责的工作中针对这些信息及时做出必要的响应和调整。

比如赛事执行部门从场地方得到消息，由于赛事原定的举办日期与某项政府活动的时间冲突，赛事需要延期一周举办。这个信息就需要迅速同步给宣传推广部门，让他们立即发布赛事改期通告，并修改所有宣传物料和媒体内容上的赛事日期；也需要迅速同步给赛事招商部门，由他们马上通知已签约的和有兴趣的赞助商，同时修改所有招商文件上的赛事日期。

再如，宣传部门与某重要媒体达成了宣传合作，作为合作条件，赛事方需要拿出 100 个参赛名额通过这家合作媒体发放出去，那么这个信息就需要马上同步给赛事执行部门，让他们留出这 100 个名额，以免赛事开启公开报名后名额被抢光。

除了进行内部沟通，赛事操盘手还需要判断哪些信息需要及时与外部的利益相关方进行沟通，判断的原则是该信息是否会对利益相关方造成影响。

比如赛事改期这样的信息，肯定需要向参赛人群和观察人群及时发布和通告，同时也需要第一时间告知赞助商，以便对方调整他们围绕赛事开展的营销推广活动的时间安排。但像“合作媒体需要 100 个参赛名额”这样的信息，就不需要告诉参赛者和赞助商，因为不会对他们造成影响。

这里需要强调的是，赛事中信息的获取、沟通和发布的效率与赛事信息系统的选择、设置和管理直接相关。例如，国际上马拉松大满贯赛事使用的赛事信息和指挥系统，能够实时获得 40 多千米的赛道上医疗急救事件发生的位置和数量信息，赛事方就可以更加及时、合理地调动和配置救护车、急救物资等医疗资源。

项目是指在一定的约束条件下（主要是限定时间、限定资源），具有明确目标的一次性任务。体育赛事非常符合“项目”的定义，因为它不仅需要在特定时间内凭借某些资源来完成，而且具有一次性的特点，因此项目管理的基本方法是非常适用于赛事项目管理的。

所以，**阶段化管理、量化管理和优化管理等项目管理的常见方法，在赛事项目的管理中也要多加应用。**

阶段化管理。从项目管理的角度，我们可以把一场赛事分为若干阶段，比如启动阶段、规划阶段、准备阶段、执行阶段、监控阶段和收尾阶段，每个阶段需要的时间长度和人、财、物资源的数量以及分配方式都会有很大不同。启动、规划和准备阶段通常时间会比较长，从几个月到一年以上都有；执行阶段通常需要的人力资源会非常多，因此往往会与一些第三方供应商合作并招募大量志愿者；而收尾阶段的工作需要占用团队的中高层人员较多时间。

量化管理。虽然赛事所创造的直接价值和间接价值目前还难以准确量化，但在很多维度上，我们已经可以得到确切的数字和数据，比如赛事的预算管理、赛事的报名收入和招商收入、赛事的成本控制、赛事在各个线上平台的内容传播所产生的粉丝覆盖面和互动数据等，因此我们至少可以在预算、收入、成本、宣传等重要维度上实现量化管理。

优化管理。优化管理就是分析项目的每一部分工作的背后所蕴含的知识、经验和教训，更好地发扬项目进程中形成的经验，同时分析并吸取教训，将经验书面化、体系化，变为知识沉淀，从而成为赛事团队乃至整个赛事行业的宝贵资产，让后来人可以在这些知识和经验的基础上继续发展和提高赛事管理的水平。

优化管理实际上在国内赛事行业非常欠缺。由于中国的体育产业起步较晚，早期的从业人员很多都是转行、跨界而来，他们的工作方式和工作能力参差不齐，不少人并没有梳理项目经验、整理项目资料并以书面形式沉淀、留存的工作习惯，在培养后辈的时候也更习惯于手艺人式的口传心授，这就使得行业经验很难被系统而准确地传承。此外，从业人员对商业原理、市场原理的认识不足，赛事管理基础知识普遍缺失，也缺乏一些广泛使用、持续优化的专业工具。

这些正是我国赛事行业的专业生产水平持续偏低、高水平专业人员一将难求的根本原因。在我们的赛事实践中，常常出现的状况是部分从业人员项目管理能力低下，同样的错误反复出现，赛事质量在低水平徘徊，赛事品牌整体价值难以提升。

这恰恰也是我撰写这本书的初衷——希望将我 20 多年的国内赛事行业从业经验做一个系统梳理，完整呈现给所有准备或已经踏入赛事管理领域的同道中人，完成一次优化管理的实操。

关于赛前工作，我还有很重要的一点要提醒赛事操盘手：一定要充分利用身边的各种信息化和数字化工具。

用好这些工具，可以大大提高赛事操盘手的工作效率、管理能力甚至决策的准确性。

我认识的一些老赛事人还在采用非常传统的工作方式，比如用纸笔记录、用计算器算数、用电话布置工作，这纯粹是个人习惯问题，并不意味着这样做更合理。

实际上，放弃使用 Word 软件的表格功能，改用嵌入公式的 Excel 软件来做预算表，会大大减少预算修改时的工作量，并显著提高预算测算的准确率。

用网络云盘来保存整个团队的所有文档，而不是让每个人将文档各自存在个人电脑的硬盘中，不仅能大幅提升团队的协同工作效率，还能避免因团队人员流动造成的赛事资料、用户数据和经验知识的丢失。当然，为保护赛事中的商业机密和知识产权，赛事团队的管理者可以给重要文档设置保密级别，同时给不同级别的团队成员设置访问不同保密级别文档的权限。

用项目管理软件来管理赛事项目进程，不但可以克服口头沟通比较低效的缺陷，还能避免沟通双方的理解偏差，也便于将沟通后的结论与团队成员共享。

赛中

竞赛管理是任何赛事最重要、最核心的部分。比赛期间，竞赛部分的安全、顺利进行是赛事操盘手需要关注的核心工作，它是赛事获得成功的基础，也是参赛体验和观赛体验的核心。

比赛现场的竞赛管理工作主要有：

- 参赛人员管理，包括现场检录、备赛、参赛、赛后领奖等。
- 执裁人员管理，包括比赛裁判、计时计分、技术统计等。
- 比赛场地和设施设备管理，包括场地搭建和物料布置、场地划线、比赛用品和设施设备的准备和投放。
- 安全保障，包括现场各类人员的流线安排、现场区域划分和证件管理、安保人员和安保设备的配置和落位、现场医疗急救人员和救护车的安排、责任告知文件的准备和签署等。
- 后勤保障，包括参赛者的奖品和补水饮料、裁判和工作人员的工作服装和盒饭、比赛人员往返比赛现场的交通安排、户外赛事所需的休息室和移动卫生间等。

只有专业细致的竞赛管理才能给参赛者和观赛者带来安全顺畅的赛事体验、健康热烈的比赛气氛、友好有序的比赛环境。

计划不如变化快，面对变化应该怎么做？从事赛事管理工作 20 多年，我最大的体会就是这份工作永远需要面对变化。

一项赛事背后有千百项细节工作，每一项细节工作都需要去计划、安排和实现，但赛事从计划、准备、执行到结束至少有几个月的时间，涉及的利益相关方和合作方也非常多，在这漫长的时间里，赛事方在进行多方合作的过程中会不断遇到各种变化和突发情况，这在赛事行业中是非常正常的现象。我在职业生涯中，还从未见到从计划到执行没有遇到任何变化或突发情况的赛事。

赛事要应对的各种变化，可能是来自环境，比如举办户外赛事时的天气突变；可能是来自资源竞争，比如当地政府突然通知，赛事当天在赛事举办地将举行重大活动；也可能是来自利益相关方的变化，比如某重要赞助商由于更换市场总监而要中止对赛事的赞助。

那么，我们应该如何去应对这些变化呢？希望大家能够牢记以下 5 步思考和行动逻辑：

1. 这个变化是如何产生的？赛事也一定要随之变化吗？不变行不行？
2. 如果赛事必须要变的话，会影响哪些工作、形成哪些风险？采取什么措施能让这些影响和风险减到最小？
3. 尽快让所有会受影响的赛事相关方都知道发生了什么变化、为什么发生，以及赛事方采取的应对措施。
4. 为这个变化可能导致的最坏情况做好准备和预案。
5. 持续监控这个变化实际造成的影响，如果必要的话，采取进一步行动。

首先，要挖掘变化提出方的真实需求，这样才能保证对赛事进行调整后产生的效果准确有效。

比如要举办一场马拉松赛事，举办地政府如果要求赛事方邀请更多的高水平选手参赛，赛事方就需要去了解这个要求背后的原因，是举办地政府希望比赛成为世界田联的金标赛事？还是希望获得更多媒体报道？或是希望通过高水平选手的影响力拉动当地旅游业发展？如果是政府领导希望这项赛事成为世界田联的金标赛事，那么就有一系列的评判标准需要赛事去满足，仅仅增加特邀选手的数量是不够的。

其次，要评估这个变化对赛事造成的影响和风险。任何一个变化，都可能对赛事产生多个维度的影响，比如比赛日期的变化，对参赛者、观赛者、赞助商、场地方、供应商、合作媒体都会产生重大影响。如果某个变化不可避免，赛事方就要快速采取必要的应对措施，让变化对赛事造成的影响和可能产生的风险都最小化。

比如一个原计划在周末举行的、为期2天的户外街头篮球赛事，由于周六下午下大雨，第一个比赛日下午的赛程未能按时举行，只得后移。如果周日比赛的时间和场次不做调整，那么必定有半天的赛程要被推迟到周一甚至下个周末举行，这对于参赛者、场地方、赞助商和媒体都会造成极大的影响和不便，甚至可能会引发场地无档期、参赛者无法参赛等大问题。因此，赛事方应该马上调整周日的赛程，增加比赛场地的数量，压缩比赛之间的休息时间，甚至增设周日晚间的赛程（如果这样，还需要增加场地夜间的照明），让所有比赛仍然能在周日结束，这样才能将大雨对赛事各方产生的影响和风险降到最低。

最后，一旦变化被确认，赛事方必须确保所有会因变化而受到影响的利益相关方都及时知晓这个变化，如果需要的话，还要告知他们这个变化背后的原因以及赛事方的应对方式。这么做，一是让各利益相关方可以尽快对自己的计划和资源做出必要的调整，以配合赛事的变化；二是可以在第一时间取得各方的理解和支持，各方才会同步、一致地投入新方案的实施中去。

与此同时，赛事方还应该为这个变化可能导致的最坏结果做好必要的准备，特别是在防范公共安全事件和舆论引导方面。这个时候，为全面实施应对方案，赛事方应毫不犹豫地投入足够的资金和资源，我们在赛事预算这一章中提到过，赛事预算中的应急费用就是为了应对这类变化和突发情况而准备的。

从变化发生时直到赛事结束后，赛事方应该持续监控变化对赛事造成的各类影响，观察这些影响是在逐渐消散还是在进一步发酵，如果是后者，赛事方就要果断采取进一步行动，防止事态恶化乃至失控。

赛后

及时复盘和总结。比赛结束后，对赛事进行全面的复盘和总结是非常必要的，这也是前文提到的优化管理的一个重要步骤。

赛事行业有一个与其他很多行业不同的地方：虽然赛事行业中有不少通行的管理方法和办赛规律，但因为办赛工作中的细节量巨大，加上不同赛事的外部环境、外部条件和内部资源的千差万别，使得每一场赛事实际上都是特殊的、独一无二的。在任何一场赛事的管理和运营中，赛事方总是会遇到前所未遇的挑战，需要面对新情况下的新问题。

既然要不断面对新问题，就先要保证所有的老问题不成问题。因此，每场比赛中沉淀下来的经验都是非常宝贵的，它是让下一场赛事更完美、更成功的无可替代的基石，这就是赛后的复盘和总结工作的重要目的和意义所在。

我认为赛后总结工作应该涵盖以下方面：

1. 赛事的整体计划是否合理，各个任务的时间安排和人力资源分配是否应该进一步优化？

2. 赛事在筹备和执行过程中，发生过哪些重大问题和突发情况？赛事方是如何决策和解决的？最后的结果如何？赛事方采取的解决方案是否是最佳方案？还可以如何优化？

3. 取得各利益相关方对赛事的反馈，即他们认为赛事中哪些是应该保持、哪些是应该改进的，比如：赛事的策划和赛制的设计是否得到了目标人群的肯定和喜爱？他们还提出了哪些改进意见？赞助商对宣传的覆盖范围、权益的具体实施、实现的赞助价值、赞助对产品销售的拉动效果是否满意？当地官方对赛事举办后的效果是否满意？合作媒体对于赛事方提供的采访安排、转播支持等是否满意？

4. 对赛事整体招商工作的回顾和总结，包括对每个赞助层级的赞助价格和权益分配的再评估。

5. 对赛事整体宣传工作的回顾和总结，包括对赛前、赛中、赛后舆情和媒体数据的收集和分析。

6. （如果有）赛事周边商品销售和摊位招商工作的总

结和评估。

我们知道，体育赛事最重要的利益相关方就是参与型赛事的参赛者和观赏型赛事的观赛者，而获得这 2 个群体对赛事的反馈和意见的最好办法就是对他们进行抽样调研。可以考虑在比赛现场采用手机扫码填写问卷的方式，也可以赛后在赛事官方微信公众号或选手群中推送电子问卷，另外，建议对完成问卷的人发放赛事定制的小礼品作为奖励。这种电子问卷的调研方式，既方便参与者填写问卷，也方便赛事方后期对问卷结果的统计、整理和输出。

特别提醒一下，复盘和总结工作中的一个重要环节就是赛事各类文档的保存和归档。过程性的文档可以保存在赛事团队各个成员自己的电脑上，但所有最终版的文件和资料，必须保存在整个团队共享的云盘或服务器上，成为团队共有的资源，这样才能充分发挥这些文档的价值。

做好预算与决算。赛事结束后 1 个月，赛事的各项收入和支出的财务数据应该都比较完整了，这时候赛事操盘手就要基于最终的财务数据，对照赛事的预算表，制作出赛事决算表。预算表反映的是赛前对赛事收入和支出的估计和估算，决算表则是赛事所有实际发生的收入和支出的汇总。

这里说的决算，对应着我在本书第 4 章中给出的“赛事预算表参考模板”中的“实际发生费用”这一栏。

赛事决算表反映了赛事实际的收入和成本数字，将其与预算表中的数字对比，可以得出各个条目的预算偏差。对偏差较大的条目应该进行深入分析，找出背后的深层原因，是预算数字定得不合理，还是赛事中的实际操作不合理？这样我们就能在以后的赛事管理中有针对性地加以改进，进一步提高赛事的预算管理能力和盈利能力。

例如，从决算中我们看到比赛的场地费用远高于预算中的数字，分析原因，发现是由于我们没有和场地方签署长期合作协议，那么今后我们就可以通过与场地方达成常年合作而显著降低场地费用的支出。

提升赛事体验的 5 个秘诀

既然带给人们更好的体验感是提升赛事品质的利器，那么在本章的最后，我将分享几个能有效提升赛事体验感的方法，它们都是我在自己操盘的赛事中经常使用的。

赛场的视觉包装

视觉对人的整体体验的影响是巨大的，这也是为什么 NBA 在中国办比赛，一定首先要把比赛场馆装扮得与美国的 NBA 赛场别无二致。场馆外墙上悬挂着巨幅球星海报和 NBA 标志、几列迎宾道旗从大马路上一直延伸到场馆入口、场馆内的观众环廊里是连绵不绝的大幅赛事海报和售卖赛事周边商品和球衣的摊位、内场的悬空大屏和观众席环屏上不断播放着 NBA 精彩场面视频、球员通道和摄像机台四周布满主题装饰、篮球场上贴着赛事标志地贴、篮球架上贴着 NBA 标志、甚至球队替补席和场边观众席座椅的椅背上也贴满标志。

球迷一来到场馆，就感觉仿佛到了美国的 NBA 赛场，原汁原味的 NBA 视觉元素遍布周围，很容易就把球迷带入 NBA 比赛的独特氛围和体验中。

即便赛事的场地包装预算没有 NBA 中国赛那么高，只要遵从下面这几个要点，也能实现极佳的视觉包装效果。

- 场地入口、竞赛场地和观众区域是 3 个需要重点包装的区域。入口的视觉呈现是赛事给人们的第一印象，竞赛场地是媒体、摄影师以及现场观众关注的焦点，而观众区域则是人们待的时间最长的地方。

- 视觉包装的面积要大，面积越大，视觉冲击力越强。如果比赛是在晚上，建议用灯光效果来包装外场，这样可以以较低的成本覆盖很大的面积，而且灯光还容易展现出动感、时尚的动态效果。
- 视觉包装设计中使用的主要颜色应该从赛事的主视觉海报里面提取，以不超过 3 种颜色为宜，因为大面积色块的视觉冲击力更强。
- 注意将视觉包装的某个局部设计为适合球迷拍照的“打卡点”，通过球迷主动的自媒体传播扩大比赛的影响力和覆盖面。

比赛现场气氛的营造

比赛的现场气氛在很大程度上影响着人们在赛场的感受和体验。热烈的现场气氛，能让本来对比赛不那么感兴趣的人也能热情投入、沉浸其中，充分享受比赛带来的快乐。

除了视觉包装，带有浓烈比赛气质的声音和赛事周边热闹的现场活动也是营造比赛气氛的两大法宝。

比赛现场的声音通常混合了 DJ 播放的音乐以及现场主持人的讲话。

现场音乐种类的选择很重要，它不仅要能营造热烈、欢乐的比赛气氛，更要能传达出赛事的气质。比如在 NBA 草根赛事的现场，DJ 常会播放美国的嘻哈音乐，因为嘻哈音乐与街头篮球的气质十分吻合；而龙舟比赛现场则适合播放锣鼓点强烈、激昂奋进的中国民间传统音乐，因为传统音乐更符合龙舟运动的中国气质。

现场主持人除了要十分了解赛事中的运动项目，他的主持风格也需要与运动项目的风格、气质相一致。篮球、足球比赛的现场主持人风格可以比较“燥”，网球、高尔夫比赛的主持人的风格则要平稳、大气。好的主持人会成为比赛体验的重要组成部分，甚至让人念念不忘。

赛事周边的现场活动更对现场气氛的营造至关重要，它可以将赛场内的气氛延伸到赛场外，让人们在到达赛场外围时就提前进入兴奋的状态。

NBA 中国赛就经常在比赛的体育馆外的广场上举行 NBA 嘉年华活动，嘉年华活动在场内比赛开始前几小时就会开始，一直持续到场内比赛结束后。嘉年华活动内容包括各种篮球体验活动和篮球技巧比拼，这同时也是 NBA 中国赛的赞助商们展示自己品牌和产品的好机会。球迷往往会提前一两个小时到场，先逛一下嘉年华，体验下里面的活动和游戏，再进场看球。没有买到球票的球迷，也可以在嘉年华现场的大屏幕前与其他球迷一起观看比赛的直播，共同感受现场的比赛氛围。

赛事的周边活动可以有多样的形式和丰富的内容，比如：

- 赛事运动项目的入门级体验：自行车和“铁三”赛事的周边活动可以采用带屏幕的骑行台，高尔夫赛事的周边活动可以使用高尔夫模拟器。
- 赛事运动项目某个技巧的尝试：篮球比赛的周边活动可以使用投篮游戏机，棒球比赛的周边活动可以采用棒球击球游戏。
- 其他趣味性强、门槛低、体验感强的体育项目：比如西式的飞镖、中式的投壶等。

富有仪式感的关键环节

仪式感是任何体育赛事都不可或缺的关键元素。

人们参加体育赛事，无论是为了实现自我、突破自我，还是战胜对手、证明自己，或是亲眼见证自己喜欢的选手或球队的拼搏和胜利，都会希望赛事方能在比赛中充分表达对选手身份的确认和欢迎、对比赛成绩的肯定和祝贺、对赛中表现的赞赏和庆祝——仪式感正是用来强化这些重要环节的体验感的。

比赛前的运动员入场仪式、比赛后的颁奖仪式、国际比赛中的升国旗和唱国歌、大型比赛的开闭幕式、裁判和选手代表的公平竞赛宣誓……这些都是赛事方特意打造的富有仪式感的环节。

根据我们前面提及的峰终定律，这些富有仪式感的环节往往会成为赛事现场人们体验的峰值，从而长久地留存在他们的记忆中。

给参与型赛事增加仪式感有很多方式和方法，这方面也很能体现赛事方的创意能力。此处我举几个不同角度的例子来启发大家：

1. 对选手身份的确认和欢迎：签到检录时裁判长亲自欢迎每位选手，并亲手发放参赛装备；赛场入口处放置巨型签名墙，每位选手入场时在上面签名留念。

2. 对选手成绩的肯定和祝贺：在每位选手的完赛奖牌上刻上他的姓名和成绩，在终点区的大屏幕上滚动显示每位选手的成绩和实时榜单。

3. 对选手表现的赞赏和庆祝：现场主持人在终点念出每一个冲线选手的名字并表示祝贺，赛后为所有选手举行完赛派对。

现场图片和视频的拍摄和传播

参加任何一场比赛，从训练到备赛、参赛，对每位参赛者而言都是时间和精力的巨大投入。付出了这么多努力，如果能够获得由专业摄影师、摄像师拍摄的自己比赛时的图片和视频，是每位参赛者都十分渴望的。这不仅是对自己这次体育奋斗的记录，也是对独特的比赛体验的记忆。

我非常建议参与型赛事的赛事方与专业的赛事摄影机构合作，给每位参赛者提供他们比赛中的图片和视频，这么做可以带来 3 个方面的益处：

1. 如果赛事方通过这项特色服务向每位参赛者收取一定的费用，则可以为赛事增加一些收入。
2. 如果赛事方免费将图片和视频提供给所有参赛者，但在图片和视频中植入赛事赞助商的品牌，这就成为提供给赞助商的一项很有价值的权益。
3. 除了上述 1 或 2，参赛者得到了自己的比赛图片和视频后，很多人会将它们发布在自己的社交媒体上，赛事由此可以获得很有效的大范围“破圈”传播。

免费赠品

大家千万不要小看免费赠品这个用来吸引人流、炒热气氛、让人们开心的老招数。根据我的经验，任何价值的赠品都能有效地吸引人群对发放赠品的活动的参与，获得赠品的人的参赛体验也会更好。当然，如果是赛事专门定制的、设计感强、好看又好用的赠品，产生的效果就更好了，大家会愿意在日常场合携带和使用它，这无形中又给赛事形成了自发的、大范围的长尾宣传。

在赛事活动中如何使用好免费赠品也是很有学问的。我通常会把高价值的、最受欢迎的赠品作为赛事周边活动的奖品，人们只有参加完周边活动才可以获得，这样做可以增加周边活动的人气，延长人们在现场的停留时间，让赛事现场的整体氛围更好。

另外，也可以将有吸引力的赠品作为人们参加赞助商的现场活动的奖品或礼品，帮助赞助商的活动和展位吸引人流，赞助商会非常开心的。

不要忘了，发放赠品的时候，也是收集现场人群个人信息或进行问卷调研的大好机会。

邱老师开小灶

把本章的主要内容做个总结，赛事整合管理要做到：

目标人人知晓
计划层层分解
任务环环相扣
变化时时监测

赛事整合管理要点（如图 7-2）

- 制订与更新赛事总体计划
- 监控整体实施工作是否是向目标进发
- 监控影响赛事的环境变化并指挥应对
- 根据目标，调整和确定重要任务的优先级
- 促进组织机构内的信息和想法交流
- 跨部门调配人、财、物等资源
- 团队管理、文化建设
- 推动团队的持续创新与优化

图 7-2 赛事整合管理要点

赛事操盘手的角色（如图 7–3）

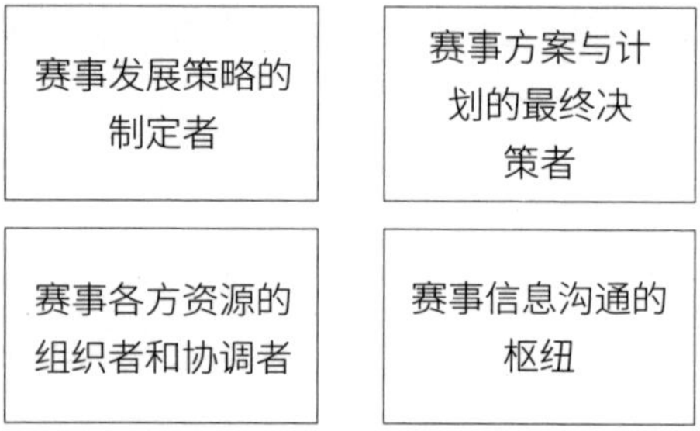

图 7–3　赛事操盘手的角色

赛事操盘手的职责（如图 7–4）

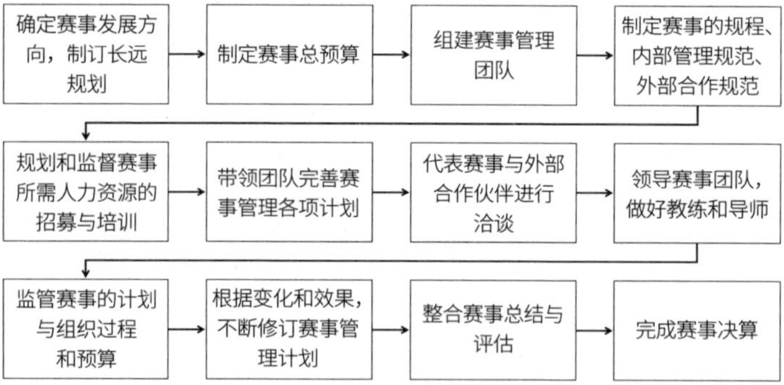

图 7–4　赛事操盘手承担的职责

注：以上图表选自崔英善的“高效能管理”课程

第 8 章

体育赛事的发展趋势

前面 7 章，主要讨论了什么是好赛事，以及如何举办好赛事。俗话说："低头做事，抬头看路。"我们在赛事行业中，除了掌握"低头做事"的方法，也要懂得"抬头看路"，去尽量了解体育赛事未来的发展趋势，确保自己每天的努力都是朝着正确的方向。

在赛事行业，一个赛事的品牌、影响力、商业价值和社会价值是靠一天天的运营、一场场的比赛积累起来的，没有捷径可走。因此，把握赛事领域的大趋势，在正确的方向上不断努力、不断积累，才能让我们的赛事一步步走向更大的成功。

在本书的最后一章，我将和大家分享一下基于我对国内外各类赛事 20 多年的持续观察和实践、研究，总结出赛事领域的几个主要趋势。希望可以对大家有所启发。同样，我也将它们分为观赏型赛事和参与型赛事 2 个部分来谈。

观赏型竞技赛事的 4 大趋势

娱乐化

观赏型竞技赛事中的娱乐化元素和娱乐化内容正在变得越来越多，也越来越重要。

在观赏型赛事中大量引入娱乐元素，北美的几大职业体育联盟是开创者，美国职业橄榄球大联盟（NFL）的年度冠军赛超级碗比赛的中场秀可谓其中最极致的代表。历届超级碗中场秀的表演嘉宾阵容之强、演出制作质量之佳、吸引的关注度和引发的热度之高，都堪称体育赛事中的第一名，甚至被戏称为“美国春晚”。由于美式橄榄球运动在全球其他国家的普及程度还比较有限，超级碗中场秀反倒成了 NFL 最能“破圈”、在全球具有最大影响力的法宝，在北美之外的知名度和吸引力甚至超过了超级碗比赛本身。

娱乐元素的引入，主要是为了丰富体育比赛的观赛体验，尤其是对一些比赛时间较长、过程不够精彩且略显沉闷的赛事而言。另外，娱乐元素还可以让那些对比赛本身没有很大兴趣的新手观众感到新鲜、有趣、好玩，让他们也能融入其中，这对阖家观赛的群体尤为重要。NBA 比赛中频繁插入的啦啦队表演、吉祥物与观众互动、现场 DJ 播放动感音乐、啦啦队向观众席抛洒纪念品等娱乐元素和互动环节，都是为了丰富观众的观赛体验。

现在，越来越多的观赏型赛事开始在体育展示（Game Presentation）环节中加入娱乐化元素：国际乒联的乒乓球国际赛事中出现了灯光秀、音乐 DJ 和现场主持人，东京奥运会百米飞人大战比赛前的跑道上也加入了灯光秀和视觉特效以渲染大赛气氛。

需要牢记的是，任何娱乐元素都是为赛事的整体呈现和观众的综合体验服务的，竞赛部分永远是“红花”，娱乐元素只能是“绿叶”，切忌喧宾夺主，让娱乐元素盖过了竞赛本身。

另外，对于不同运动项目的赛事，适合植入的娱乐元素也不尽相同，我们需要根据赛事的特点、调性、气氛和观众人群，选择最合适的娱乐形式和娱乐内容，不应从别的赛事中生搬硬套。

政治化

在人们的理想中，体育是远离政治、不受意识形态干扰的净地，国际体育赛事是世界各国人民通过体育进行沟通交流、增进彼此了解的极佳方式。遗憾的是，在现实世界中，政治因素对体育的影响和左右，始终是挥之不去的。

在美苏冷战期间，大量国家及地区抵制并拒绝参加1980年在莫斯科举行的奥运会。在参赛的国家及地区中，也有不少国家主动用奥运会旗帜取代了本国国旗以表明态度。受这场奥运史上规模最大的抵制行动的影响，莫斯科奥运会只有80个国家及地区参赛，有64个国家及地区由于抵制或经济原因未参赛。紧接着，1984年的洛杉矶奥运会也受到了反向抵制，苏联宣布基于运动员的安全考虑而不参赛，另外还有13个国家及地区也加入了抵制行动而未参赛。

在体育赛事领域，近几年原定在俄罗斯举办的国际比赛或被取消或被移至别国，其中包括世界一级方程式锦标赛俄罗斯大奖赛和欧冠决赛这样的顶级赛事。国际奥委会也发布声明，支持对俄罗斯和白俄罗斯的制裁，旗下各大国际体育组织不会在这2个国家举办任何赛事，在国际比赛中也不会出现这2个国家的国旗、国歌或官方代表。国际奥委会还建议全球体育组织和赛事不邀请或不允许俄罗斯和白俄罗斯运动员参赛。国际高尔夫联合会等多个国际体育组织马上跟进响应，宣布禁止来自俄罗斯和白俄罗斯的选手参加其管辖的赛事。

国际奥委会和各大国际体育单项协会大多身处西方世界，在政治和舆论的压力下，他们只能将体育和奥林匹克精神放在一边，不仅对俄罗斯拿出了前所未有的体育封锁式制裁，甚至不惜牺牲俄罗斯和白俄罗斯运动员参加国际体育比赛的正当权利，这也让奥林匹克运动的新格言“更快、更高、更强、更团结”显得苍白无力。

体育赛事不仅受到来自政治的影响，还要承受来自意识形态领域的冲击。卡塔尔世界杯作为在阿拉伯世界举办的首届世界杯，在人权状况、劳工制度等方面受到了西方世界的大量抨击。以上种种，都成了世界杯这个全球球迷的盛大节日中刺耳的杂音。

体育赛事，尤其是国际赛事，由于传播面广、影响力大，就会有人想利用它的这些优势，达成某种政治目的或展示某些意识形态，所以说体育赛事很难真正成为政治和意识形态上的净土。

我们在国内承办国际性赛事的时候，对这一点要格外敏感，防止赛事的品牌方或参赛者利用比赛实现他们的政治意图。

在获得国际赛事品牌的授权，进行赛事的国内运营和商业开发时，也要随时留意赛事品牌方在国际上的言论和行为有没有涉及敏感的政治话题或意识形态领域问题，并做好相应的风险预案。NBA 火箭队总经理莫雷发布的错误涉港言论对 NBA 中国业务的重创，就是个沉痛的例子。

内容化

在这个数字化的时代，优质内容可以说是任何数字生态或者数字产业链的核心和基石。我们知道，对于任何数字平台来说，流量至关重要，有了流量才可能有变现的机会，才能成为一个完整的商业闭环。多年的互联网实践证明，不断产出优质内容是带来持续的巨大流量的不二法门。

正如我们在第 1 章中提到的，体育赛事可能是世界上唯一一种可以快速、高效、持续产出优质内容的东西。我们要充分把握体育赛事的这个重大优势，全面做好将赛事“内容化”的工作，从而实现赛事价值的最大化。

内容生产分为用户生产内容（User Generated Content，简称UGC）和专业生产内容（Professional Generated Content，简称 PGC）2 种主要方式。

要鼓励用户生产内容，就要尽可能给每位用户提供内容生产的便利，比如及时给用户提供比赛时由专业摄影师拍摄的有关他的个人图片和视频、给用户推送比赛中采集和生成的详细个人数据、快速提供用户在比赛中的实时成绩和排名等，这些都是用户在制作用户生产内容时喜欢使用的素材。

要推动专业生产内容，最好能与从事赛事内容制作和生产的专业机构建立起长期合作，只有通过一场场赛事的合作不断加深他们对赛事的理解，才能持续提升赛事专业生产内容的质量和深度，让赛事在目标人群中形成更广泛的传播和更优质的口碑。

需要注意的是，在当今这个互联网短视频时代，用户生产内容与专业生产内容也在发生融合，这就是专业用户生产内容（Professional User-Generated Content，简称 PUGC）。它是以用户生产内容形式产出的接近专业生产品质的专业内容。专业用户生产内容短视频既满足了用户对专业化、高品质内容的需求，又达到垂直化、个性化的效果，满足了短视频用户的多种不同需求。哔哩哔哩（B 站）就集合了大量优质的 PUGC 视频内容。

我们还应看到，随着科技的不断发展，体育内容的生产方式也在飞速进化。比如随着人工智能的飞跃式发展，MGC（Machine-Generated content，机器生成内容）的质量越来越高，再结合其快速高效和低成本的优势，MGC 很可能会被更多赛事应用于比赛中文字性内容的大量生产上。

商业化

更大范围、更深层次的商业化无疑是观赏型竞技赛事长期追求的目标，此处要说明的趋势是赛事商业化的方式和渠道愈发多样了。下面我将从科技、数据和可持续发展这 3 个角度举几个有代表性的例子，来说明未来观赏型赛事商业化的多种可能性。

科技角度。NBA 退役巨星阿伦·艾弗森（Allen Iverson）和美国著名说唱歌手艾斯·库伯（Ice Cube）在 2017 年联手发起成立的 BIG3 是全美首个 3 对 3 职业篮球联盟，旗下有 12 支球队。BIG3 的商业化创举，是让球迷和投资者通过购买联盟发行的非同质化代币（Non-Fungible Token，简称

NFT）的方式，来拥有联盟中球队的股份。联盟通过这种方式不仅筹集到了资金，还推动了广大球迷对联盟和球队的深度参与。

BIG3 推出的 NFT 带给持有者的权益包括每场比赛现场的尊享嘉宾通道、限量版商品、球队决策时的投票权，持有者甚至可以与球队的队长、教练和主席通电话，冠军球队的 NFT 股东还会获得一个冠军戒指。如果以后球队被转售，NFT 持有者还将获得一定比例的转售收入。

数据角度。在体育比赛中，还会产生大量的数据。这些数据不仅反映了比赛的过程，记录了球队和球员的个人表现和优缺点，解构了球队和球员的技战术，还形成了适合媒体报道和传播使用的实时榜单和实力比对等可视化数据的展示形式。随着数据采集技术的迅速发展，以及人工智能在数据分析方面的广泛应用，体育数据的商业用途也正变得越来越广泛，在体育博彩、媒体转播和体育游戏等领域都有着广阔的商业前景。

在美国体育博彩市场的推动下，雷达体育（Sportradar）和天才体育（Genius Sports）等体育数据公司已经成了体育科技领域市场价值最高的一批企业，而且北美体育各大联盟也纷纷开始购买自己签约的数据服务公司的股份，以实现更大程度的利益分享，而不是仅从数据服务公司的授权许可合同中收取数据版权费。2022 年 4 月，美国职业橄榄球联盟 NFL 控制了其官方数据合作伙伴天才体育约 7.7% 的股份，成为后者在美国最大的股东。同样，根据类似的协议，NBA 在它的数据供应商雷达体育那里拥有 3% 的股份，而北美职业冰球联盟（NHL）则拥有超过 1 000 万美元的雷达体育的股票，并有权在未来购买更多股份。

可持续发展角度。对于规模较小的体育赛事和体育机构来说，提升自己的可持续发展能力，而且尽量多地在媒体和公开场合强调自己的这项优势，可以在竞争激烈的体育赞助市场上让自己显得非常与众不同，从而吸引赞助企业的关注。

以英乙联赛的小俱乐部森林绿流浪者队为例，2018 年，森林绿流浪者队成为全球首个获得联合国认证的碳中和足球俱乐部，之后还被国际足联（FIFA）评为世界上最环保的足球俱乐部，这个英国第三级别联赛中的小球队在最近几个赛季的商业收入急剧上升，在过去 3 年里，俱乐部的商业合作收入增长了 5 倍。

参与型大众赛事的 4 大趋势

多样化

在马拉松热、健身热、骑行热、飞盘热、桨板热等一波波全民热潮之后，每个运动项目都会沉淀下一批真正的爱好者（忠诚用户）。他们可能在某个体育项目的热潮中发现自己对这个项目是真正喜爱，就会在热潮过后依然长期参与这项运动，并持续参加相关的赛事。

随着我们身边可选择的运动项目和运动方式不断增多，大家对体育运动和体育赛事的参与会日益呈现多样化的趋势，也就是所谓的丰俭由人。每个人都会找到并参加自己真正喜爱、也最适合自己的那些运动和赛事，不再盲目从众、人云亦云，整个参与型赛事行业也就会呈现出百花齐放的喜人局面。

个性化

在各个行业的市场调查报告中，都可以看到年轻的“Z世代”“90 后”“00 后”的评价，从中可以看出他们更强调个性，更知道自己要什么，更不在乎别人的眼光。反映在体育消费上，他们也是个性十足的。

这不仅表现在他们自己喜欢什么运动就参与什么运动，从不在乎一些传统的成见，更表现在他们会有意识地选择最能彰显自己独特个性的运动项目。

因此，未来的参与型赛事的组织者更需要注重打造和强调赛事独特的调性，在比赛形式、赛场包装、氛围营造上都要体现个性化，让赛事充分展示出运动项目独有的“格调”，才能赢得目标人群的喜爱。

圈层化

正是由于人们选择运动项目时会更遵从自己的个性，各个运动项目（特别是那些调性突出的运动项目）所汇聚的人群也就具有了某些相似性。除了个性相似，他们很可能会有相似的家庭条件、相似的教育背景、相似的收入等。实际上不同的运动项目对人群进行了某种自然的筛选，产生了物以类聚的效果，因此同一运动项目的爱好者很容易形成自己的圈层和社群。

在这种因相同的运动爱好形成的圈层中，由于人们身份相近、背景相似、爱好相同，再加上运动和赛事又能营造亲密愉快的社交场景，所以运动圈层中社交的质量会非常高，形成的私人关系也会很紧密。

在未来，某些参与型赛事很可能会成为某个人群寻找自己的圈层并进行高质量社交的优质平台。

场景化

我在本书中多次强调，在这个工作、娱乐、社交等大量场景日益线上化的时代，体育赛事的一个巨大的优势就是很容易营造出高质量的线下社交场景。这是体育赛事先天具备的独特优势，也是大量被困在线上的人们所稀缺和渴望的。

任何能充分发挥这一优势的赛事，在未来一定会受到热烈的欢迎、拥有更多的机会、赢得更大的发展空间。

邱老师开小灶

正如这些趋势所表现的，全球体育产业和赛事行业一直在快速发展，对体育赛事人才的要求也在不断更新。

要成为体育赛事行业最需要的人才，应具备什么样的素质和能力呢?

1. 知识结构的综合性：不仅要有对某个体育运动项目的浓厚兴趣和深度了解，还要具备项目管理、竞赛管理、品牌管理、宣传推广、市场开发等领域的综合能力。

2. 特定领域的专业性：除了具备上述的综合能力，还应在一个或几个特定领域拥有深度的专业知识和经验，比如：特别了解某个运动项目和它的爱好者人群；具备多年的赛事赞助销售经验；曾在媒体机构或互联网平台工作，熟悉赛事转播或新媒体推广；曾在广告公司或公关公司工作，熟悉品牌管理和市场推广。

3. 具备国际视野和国际沟通能力：由于欧美的体育发达国家在体育产业和赛事领域发展较早，有很多成熟的知识和经验可供我们学习和借鉴，国际视野（包括对行业信息的获取能力和理解能力）能让我们看清他们的发展历程和经验教训，国际沟通能力（包括语言能力和国际社交能力）则能帮我们获取全球体育领域的知识经验和先进资源。

4. 对新技术的学习和应用能力：人工智能、区块链、虚拟现实（Virtual Reality，简称 VR）、增强现实（Augmented Reality，简称 AR）、元宇宙等新技术，正在不断拓展体育产业和体育商业的边界，能快速认识、学习新技术并将其应用于体育领域的人，才能把握先机。

5. 对新趋势的洞察和把握能力：无论是公司还是个人，对行业趋势的深入洞察和准确把握，是制定高明战略的基础，也是做出正确决策的依据。

结语

让赛事走到每个人的身边

体育赛事的未来，空间广阔、机会无限。体育比赛将在我们的生活中无处不在，体育也将真正成为国人的生活方式。

我相信在不远的将来，每个人都将至少有 2 ～ 3 项喜欢并擅长的体育运动项目，对这些运动的热爱将伴随他们终身，并深刻影响他们的子女。体育运动日益成为家庭成员间情感的强化剂，对某项运动的共同参与和代际传承，会成为家庭关系中持久而重要的纽带。

各类体育项目的民间体育俱乐部会大量涌现，不同年龄的爱好者都将有适合自己年龄段的赛事可以参加，也可以作为俱乐部的教练或后勤团队参与其中。登山徒步、自行车越野、水上运动和冰雪运动等丰富多彩的户外运动正在成为人们在一年四季的周末或假期休闲中不可缺少的内容，运动社群的形成和运动习惯的养成与这一趋势相辅相成。

越来越多的人会在体育赛事的氛围或场景下进行社交，无论是在线上或线下一起观看比赛，还是结伴报名参加某项赛事，人们越来越善于利用身边的赛事来享受体育场景下的高质量社交。

随着 VR、AR 的快速发展，比赛的举行已经不局限在线下。除电竞这样的传统线上赛事以外，越来越多的比赛可以在线上的虚拟环境下实现。

新冠疫情期间，欧洲的环法自行车赛和世界铁人三项赛已经成功在线上举办了虚拟的自行车赛和“铁三”比赛。参赛者无论身处何地，只要拥有骑行台、跑步机、运动腕表等能够实时记录并上传自己运动数据和身体数据的装备，就可以在线上的赛事中与世界各地的参赛者同场竞技。随着技术的不断进步，线上赛的参与感和临场感也会越来越接近线下赛。

和朋友们一起观看体育比赛也不再是线下独有的体验，卡塔尔世界杯期间，就已经有科技公司利用 VR 技术在元宇宙中设置了虚拟 4K 分辨率巨幕来直播比赛，还提供了不同视角的多路信号供观众自由选择，人们可以在沉浸式的虚拟空间与朋友们一同观赛、聊天。

在不远的未来，人们可以更自由地选择线上或线下最适合自己的方式来参与比赛，体育比赛会离我们越来越近。

NBA 的 AR 技术已经可以让球迷在比赛视频中用自己的三维形象替换掉场上任意一名球员，球迷的虚拟形象会完全复制这个球员在比赛中的动作和移动轨迹，让这个球迷看上去就像职业球员一样在场上打比赛。这个功能在 NBA 的官方 App 中就可以体验。

梦幻比赛类游戏也变得越来越普遍，逐渐从大球项目（如《NBA 梦幻经理人》）发展到小球项目（如美网的《梦幻网球比赛》）。梦幻比赛是一种线上预测类游戏，你可以用现实世界的运动员组成自己的虚拟球队，这些运动员在现实比赛中的个人得分和统计数据将为你的虚拟球队赚取积分，你选择的球员在现实比赛中表现得越好，你的虚拟球队的积分就越高，就可以和其他人的虚拟球队进行积分竞赛。

这类与真实赛事同步进行的线上梦幻比赛之所以受到球迷的广泛欢迎，是因为它可以让球迷在赛事期间持续保持对各场比赛以及自己喜爱的球员的关注和热情，与赛事建立更强的情感链接，从而获得更好的观赛体验和参与体验。

2021 年诞生于美国的由球迷控制的橄榄球联赛 FCF 更是几乎将所有与俱乐部球队有关的权利都赋予了球迷。球迷可以用线上投票的方式来决定球队的名称，做出包括挑选队员在内的与俱乐部运营相关的各项决策，甚至可以在比赛中做出如何排兵布阵的战术决定。球迷可以通过购买某支 FCF 球队的 NFT 代币的方式让自己获得选择球员、指挥比赛和做出其他与球队相关的决定的权利，还可以通过投资平台，以很少的资金投入拿到自己支持的 FCF 球队的股份。

FCF 开创的这种新的联赛运营方式，将传统体育的激情与 Web3.0、数字藏品以及玩赚游戏（play-to-earn）的精髓结合起来，创造出了一种独特的非虚拟的真实世界（In Real Life，简称 IRL）与虚拟世界（Unreal Life，简称 URL）相融合的全方位娱乐体验，这种全新的体验对年轻球迷群体有着很大的吸引力。

科技的不断进步，必将开创出更多新颖的参与体育比赛的方式，最终使每个人都可以用自己最喜欢的方式充分享受体育比赛带来的无穷乐趣。

最后我要强调的是，举办比赛的门槛会越来越低。专业化、项目化的报名和比赛管理软件平台将会越来越多、越来越好用，可以充分满足赛事方在赛事宣传、报名收费和赛程安排等方面的需求。

比赛场地和场馆的智能化水平会越来越高，服务能力也会越来越强，可以高效、高质地为赛事方提供场地布置、比赛设施、现场管理、比赛转播、视频拍摄等方面的服务。

随着体育赛事市场的壮大，举办比赛所需的各类产品和服务背后的第三方供应商与服务商会越来越细分、越来越专业，他们可以满足赛事方的各种专业需求，而且在充分的市场竞争环境中，雇佣他们的成本也将更加经济、合理。

像本书这样的赛事管理和运营指导书籍、对赛事人的专业培训和各类课程，以及赛事管理的软件工具都会越来越多，这使得赛事操盘新手可以快速上手。

办赛门槛的降低让任何人都可以办好自己想办的比赛，

因此体育赛事的数量和质量都将发生根本性的飞跃，进而推动体育运动深入我们的日常生活，真正成为我们的生活方式。

面对这样的未来，你心动了吗？

赛事预算表参考模板

请注意：本模板仅供你参考赛事预算文件的结构。不同赛事的详细预算条目应根据赛事的具体策划方案来逐条拆解、制定，如“(赛事名称)策划预算表”所示。

（赛事名称）策划预算表

赛事日期：		赛事地点：			本预算	
财务编号 （供参考）	**预算条目**	**预算** （注：立项时批准的预算数字）	**费用预测** （注：还要写明更新预测数字的日期）	**实际发生费用** （注：赛后决算的数字）	**偏差** （注：预算-实际发生费用）	**备注** （注：用来做补充说明）
收入						
0010	**门票收入**					
0011	A 类门票收入					
0012	B 类门票收入					
0013	款待套餐销售收入					
0014	家庭套餐销售收入					
0020	**现场摊位、餐饮和商品销售**					
0021	餐饮销售					
0022	摊位出租					
0023	赛事商品销售					
0024	停车费收入					
0030	**报名**					
0031	个人报名					
0032	团队报名					
0033	企业报名					
0040	**增值服务收入**					**选手照片、存包、赛后餐饮等**
0050	**赞助和广告收入**					
0051	冠名赞助商					
0052	呈现赞助商					
0053	官方合作伙伴					
0054	官方供应商					
0055	广告收入					
0060	**赛事版权收入**					

（赛事名称）策划预算表（续表）

赛事日期：		赛事地点：			本预算	
财务编号（供参考）	**预算条目**	**预算**（注：立项时批准的预算数字）	**费用预测**（注：还要写明更新预测数字的日期）	**实际发生费用**（注：赛后决算的数字）	**偏差**（注：预算-实际发生费用）	**备注**（注：用来做补充说明）
收入						
0061	电视直播版权					
0062	广播直播版权					
0063	新媒体版权					
0064	短视频版权					
0065	用户付费观看收入					
0070	**授权收入**					
0071	承办费收入					
0080	补贴					
0081	政府补贴					
0082	举办地补贴					
成本						
1000	**场地和设施费用**					
1001	场地租金					
1002	场地改造升级费用					
1003	场地提供的工作人员费用					
1004	水电空调费用					
1005	防疫设施和相关工作人员费用					
1100	**运动员以及比赛相关费用**					
1101	比赛奖金					
1102	运动员出场费					
1103	运动员参赛的差旅住宿					
1104	运动员餐饮					
1105	运动员比赛服装和比赛装备 / 选手参赛包					

（赛事名称）策划预算表（续表）

赛事日期：		赛事地点：			本预算	
财务编号（供参考）	**预算条目**	**预算**（注：立项时批准的预算数字）	**费用预测**（注：还要写明更新预测数字的日期）	**实际发生费用**（注：赛后决算的数字）	**偏差**（注：预算-实际发生费用）	**备注**（注：用来做补充说明）
成本						
1106	赛事官方补给					
1107	参赛运动员保险购买					
1108	比赛官员、裁判费用					
1109	运动员随行人员差旅、住宿、餐饮等接待费用					
1110	赛事现场医疗急救保障					
1111	官方礼品费用					
1200	**赛事运行**					
1201	临时性工作人员人工费					
1202	工作人员相关费用					
1203	志愿者费用					
1204	赛事前期考察费用					
1205	赛事筹备会议费用					
1206	赛事现场临时办公费用					
1207	赛事证件设计和制作					
1208	物资运输和仓储费用					
1209	购买保险（公众责任险、赛事取消险）					
1210	赛事安保费用					
1211	批文费用					
1300	**市场推广**					
1301	赛事标志和主视觉设计					
1302	广告费用					
1303	宣传和推广物料的设计、制作费用					
1304	新媒体推广费用					
1305	公关宣传费用					

（赛事名称）策划预算表（续表）

赛事日期：		赛事地点：			本预算	
财务编号（供参考）	**预算条目**	**预算**（注：立项时批准的预算数字）	**费用预测**（注：还要写明更新预测数字的日期）	**实际发生费用**（注：赛后决算的数字）	**偏差**（注：预算-实际发生费用）	**备注**（注：用来做补充说明）
成本						
1306	客服费用					
1307	特别推广活动					
1400	**媒体运行**					
1401	新闻发布会					
1402	现场采访媒体的交通和餐饮					
1403	媒体中心					
1404	媒体指南设计、制作					
1405	官方摄影师、摄像师					
1406	媒体礼品					
1407	赛事转播费用					包括信号制作费用和媒体播出费用
1500	**赞助商销售和权益实施**					
1501	销售成本					包括销售代理的佣金
1502	现场广告物料					包括设计、制作、搭建物料
1503	赞助商的门票或参赛名额					如果在收入预算中已经扣除，此处无需重复计算

（赛事名称）策划预算表（续表）

赛事日期:		赛事地点:			本预算	
财务编号（供参考）	**预算条目**	**预算**（注：立项时批准的预算数字）	**费用预测**（注：还要写明更新预测数字的日期）	**实际发生费用**（注：赛后决算的数字）	**偏差**（注：预算-实际发生费用）	**备注**（注：用来做补充说明）
成本						
1504	赞助商现场款待					包括专属包厢、包厢餐饮、贵宾礼品、礼宾服务等
1505	赞助商定制权益 / 定制活动的成本					
1506	赞助商礼品					
1507	赛后答谢					
1600	**接待和款待**					
1601	请柬设计和制作					
1602	来宾交通费用					
1603	来宾礼品					
1604	来宾现场款待					
1605	指示系统和接待台					
1606	礼仪人员					
1607	来宾门票 / 参赛名额成本					
1608	来宾住宿和用餐					
1700	**赛事呈现**					
1701	舞台 / 大屏					
1702	视频制作					
1703	灯光 / 音响 / 特效					
1704	专业人员					包括导演、主持人、DJ、表演人员等
1705	表演服装					

（赛事名称）策划预算表（续表）

赛事日期：		赛事地点：			本预算	
财务编号（供参考）	**预算条目**	**预算**（注：立项时批准的预算数字）	**费用预测**（注：还要写明更新预测数字的日期）	**实际发生费用**（注：赛后决算的数字）	**偏差**（注：预算-实际发生费用）	**备注**（注：用来做补充说明）
收入						
1706	道具					
1800	**附属活动**					
1801	欢迎酒会					
1802	庆祝派对					
1803	尊享嘉宾专属活动					
1900	**固定资产折旧**					**特指能使用多年或者多次的装备或物料，计算公式为采购成本除以使用年限或使用场次**
2000	杂项费用					
2001	员工出差机票 / 火车票					
2002	员工出差酒店					
2003	员工出差当地交通					
2004	员工出差工作餐					
3000	**应急费用**					**通常为赛事总成本预算的10% 左右**
	总收入					
	总成本					
	毛利润					

未来，属于终身学习者

我们正在亲历前所未有的变革——互联网改变了信息传递的方式，指数级技术快速发展并颠覆商业世界，人工智能正在侵占越来越多的人类领地。

面对这些变化，我们需要问自己：未来需要什么样的人才？

答案是，成为终身学习者。终身学习意味着具备全面的知识结构、强大的逻辑思考能力和敏锐的感知力。这是一套能够在不断变化中随时重建、更新认知体系的能力。阅读，无疑是帮助我们整合这些能力的最佳途径。

在充满不确定性的时代，答案并不总是简单地出现在书本之中。“读万卷书”不仅要亲自阅读、广泛阅读，也需要我们深入探索好书的内部世界，让知识不再局限于书本之中。

湛庐阅读 App：与最聪明的人共同进化

我们现在推出全新的湛庐阅读 App，它将成为您在书本之外，践行终身学习的场所。

- 不用考虑“读什么”。这里汇集了湛庐所有纸质书、电子书、有声书和各种阅读服务。
- 可以学习“怎么读”。我们提供包括课程、精读班和讲书在内的全方位阅读解决方案。
- 谁来领读？您能最先了解到作者、译者、专家等大咖的前沿洞见，他们是高质量思想的源泉。
- 与谁共读？您将加入优秀的读者和终身学习者的行列，他们对阅读和学习具有持久的热情和源源不断的动力。

在湛庐阅读 App 首页，编辑为您精选了经典书目和优质音视频内容，每天早、中、晚更新，满足您不间断的阅读需求。

【特别专题】【主题书单】【人物特写】等原创专栏，提供专业、深度的解读和选书参考，回应社会议题，是您了解湛庐近千位重要作者思想的独家渠道。

在每本图书的详情页，您将通过深度导读栏目【专家视点】【深度访谈】和【书评】读懂、读透一本好书。

通过这个不设限的学习平台，您在任何时间、任何地点都能获得有价值的思想，并通过阅读实现终身学习。我们邀您共建一个与最聪明的人共同进化的社区，使其成为先进思想交汇的聚集地，这正是我们的使命和价值所在。

图书在版编目（CIP）数据

如何打造成功的商业赛事 / 邱志伟著 . -- 杭州 :
浙江科学技术出版社 , 2024. 10. -- ISBN 978-7-5739
-1521-4

Ⅰ. G812.2

中国国家版本馆CIP数据核字第20242ZD213号

书　　名	**如何打造成功的商业赛事**
著　　者	邱志伟

出版发行	**浙江科学技术出版社** 地址：杭州市环城北路 177 号　邮政编码：310006 办公室电话：0571－85176593 销售部电话：0571－85062597 E-mail:zkpress@zkpress.com
印　　刷	唐山富达印务有限公司

开　　本	880mm×1230mm　1/32	**印　　张**	8.75
字　　数	215 千字	**插　　页**	1
版　　次	2024 年 10 月第 1 版	**印　　次**	2024 年 10 月第 1 次印刷
书　　号	ISBN 978-7-5739-1521-4	**定　　价**	79.90 元

责任编辑	陈　岚	**责任美编**	金　晖
责任校对	张　宁	**责任印务**	吕　琰